···· 부자는 책상에서 만들어지지 않는다 ····

스트리트
스마트 성공
신화

STREET SMART

스트리트

···· 부자는 책상에서 만들어지지 않는다 ····

스마트 성공
신화

제이크 스타인펠드 지음
한태영 옮김

"자기 사업을 하는 것은
단순히 '먹고 살기 위한' 문제가 아니라
'자신의 발자취'를 남기는 문제이다."

성공의 바벨을 들어올린
스트리트 스마트

어느 날 우연히 내가 만난 제이크 스타인펠드는 내 인생에서 두 번 다시 만나기 어려운 커다란 행운이 아닐 수 없다. 그를 처음 만난 것은 1982년이었다.

내 생일에 한 친구가 생일선물로 '개인 트레이너가 지도해 주는 운동 쿠폰'을 선사해 준 것이었다. 지금에 와서야 하는 말이지만 사실 처음엔 그 선물이 그다지 반갑지 않았다. 일단은 낯선 사람을 집으로 초대해 볼품 없는 내 체격에 대해 이러쿵저러쿵 말을 듣는다는 게 정말이지 조금도 달갑지 않았다.

처음에는 친구가 생일선물이라는 미명으로 내가 아주 오래 전에 자기에게 저질렀던 짓궂은 장난(너무 오래된 일이라 내가 기억조차 못하는)에 대한 앙갚음을 하려는 걸로 생각하였다. 하지만 1980년대 초엔 이미 개인 트레이너를 고용해 몸매를 가꾸는 일이 보편화되어 있었다. 사실 나 역시 −인정하기는 싫지만− 개인 트레이너의 도움이 절실히 필요한 상황이었다. 그래서 친구가 소개해 준 제이크라는 개인 트레이너를 만나는 것도 나쁠 게 없을 것 같아서 일단은 그에게 연락을 했다.

　우리집에 처음 찾아온 제이크를 현관에서 맞이했을 때 나는 그가 열정과 활력이 넘치는 사람이란 걸 첫눈에 알 수 있었다. 우락부락하고 거친 사람일 거라고 예상했었지만 제이크의 첫인상은 아주 멋졌다. 또한 JBL 스피커를 통해 흘러나오는 베이스 드럼 연주처럼 멋진 저음의 목소리를 지닌 매력적인 롱아일랜드 사나이였다. 우리가 처음 만난 날 제이크는 나에게 '스필즈'라는 별명을 지어 주었다. 나중에는 '윌즈'라는 별명을 붙여 주었는데, 지금도 누군가 내게 "윌즈를 찾는 전화예요."하면 웃음이 절로 나온다.

그러나 운동은 웃음이 나오는 상황이 아니었다. 제이크의 개인지도를 받으며 시작한 운동은 처음엔 그야말로 죽을 맛이었다. 하지만 나는 포기하지 않고 제이크의 훈련 프로그램을 모두 마쳤고, 아주 건강한 모습으로 바뀔 수 있었다. 제이크는 훌륭한 개인 트레이너였다. 상대가 포기하지 않게 격려를 아끼지 않았고, 부족한 점에 대해서는 날카롭게 지적해 주면서도 주눅들지 않게 했다. 그의 코치 덕분에 나는 바벨과 아령에 대한 막연한 두려움을 극복했는데, 그 대가로 그에게 할리우드에서 벌어지는 숨겨진 많은 이야기들을 들려 주었다.

곧 우리는 둘도 없는 친구가 되었다. 제이크는 나에게 올바른 벤치 프레스 요령을 가르쳐 주었고, 나는 그에게 스푼으로 캐비어를 먹는 방법을 비롯해 사소하지만 우리가 살아가면서 알아두면 좋은 것들에 대해 이것저것 알려 주었다. 그 시절에 일어났던 여러 가지 에피소드는 지금까지도 좋은 추억으로 남아 있다. 여기서 일일이 언급할 수 없을 만큼 많은 일들이 있었지만, 제이크가 원양어선에서 뱃멀미로 고생하던 모습은 지금도 어제 일처럼 생생하다.

제이크와 오랜 세월을 함께 지내면서 나는 내가 아는 여러 친구들에게 그를 소개시켜 주었고, 그중 몇몇은 날로 인기가 치솟던 그의 고객이 되었다. 제이크는 마침내 할리우드에서 가장 잘나가는 개인 트레이너가 되었다. 그래서 나는 제이크에게 회사를 차리는 게 어떻겠느냐는 제안을 했다. 제이크 역시 생각하고 있던 참이었다.

그는 자신만의 회사를 갖고 싶긴 하지만, 사업 수완에 대해서는 확신을 갖지 못한다고 했다. 그의 생각에, 사업가라면 MBA 정도의 교육을 받은 사람이어야 했고, 자기처럼 대학교육도 받지 못한 사람은 엄두도 낼 수 없는 직업이었던 것이다. 당시엔 나도 대학 졸업장이 없었기 때문에 "나 역시 대학 졸업장이 없어요. 하지만 그게 문제가 되나요?"라고 말했다. 그리고 덧붙여 "아무도 나를 믿어 주지 않을 때 내가 나 자신을 믿지 못했다면 나도 지금처럼 성공하지 못했을 겁니다."라고 말하면서 그를 설득했다.

제이크는 이후 사업을 시작했고 큰 성공을 거두었다. 그는 사람들에게 나와의 관계에 대해 말할 때, 사업 초기 어려움을 극복하는 데 많은 힘을 얻은 영감의 원천으로 언급한다. 하지만 나는 그의 말처럼 '영감의 원천'은 아니었다. 단지 함께 운동하면서 그가 나를 위해 해 주었던 일을 그에게 보답했을 뿐이었다. 그것은 다름 아닌 '불가능할 거라고 생각하는 일을 해낼 수 있는 자신감'을 심어준 일이었다. 제이크는 사업을 시작하면서 경영에 대해 자신감을 갖고 일을 추진해 나갔다. 나아가 자신이 가진 또 하나의 장점, 즉 사람들에 대한 애정을 바탕으로 사업을 키워 나갔고 그가 만나는 모든 사람들에게 이 애정을 불어넣었다.

제이크는 단순한 트레이너가 아니다. 그는 사람들에게 육체적으로 뿐만 아니라 정신적으로도 자신감을 갖게 해주는 멋진 사람이다. 또 세상을 긍정적인 눈으로 바라볼 수 있게 해준다. 그를 알고 지낸 지 벌써 20년이 넘었지만 제이크는 여전히 나에게 스트리트 스마트(Street Smart: 학교에선 배울 수 없는, 풍부한 실전 경험을 통해 터득한 성공의 기술)와 자신에 대한 믿음이야말로 어떤 일에서든 성공을 거둘 수 있는 열쇠임을 보여준 산 증인이다. 그가 이

책을 통해 독자들에게 생생한 성공 경험담을 들려 줄 수 있는 기
회를 갖게 되어 나는 말할 수 없이 기쁘다. 나는 그를 생일선물로
소개받았지만 그는 내 인생에서 가장 소중한 선물이 되었다. 그
것은 다름 아닌 절친한 친구라는 사실이다.

스티븐 스필버그Steven Spielberg

CONTENTS

Chapter 1

벌거벗은 진리

전화번호부에도 올리지 못한 내 전화번호를 어떻게 알아냈는지 어느 날 한 여성에게서 전화가 왔다. 나는 너무 바빠 전화를 받지 못했는데 그녀는 음성 메시지를 남겼다.

"여배우들이 받고 있는 개인 트레이닝에 관한 소문을 듣고 연락 드립니다. 선생님의 개인 트레이닝에 대해 상담을 받고 싶어요. 저뿐만 아니라 내 친구 몇 명도 관심을 갖고 있거든요. 꼭 연락 주세요."

내가 사는 할리우드는 정말 좋아할 수밖에 없는 동네다. 롱아

일랜드 볼드윈 출신의 보잘것없는 촌뜨기에 불과했던 나는 1980
년대 초 이곳에 정착했다. 그리고 우연찮게 프리실라 프레슬리,
해리슨 포드, 베트 미들러 같은 유명인의 개인 트레이너로 일할
수 있는 행운을 잡게 되었다.

내 개인 트레이닝에 관한 입소문이 퍼지면서 연예계의 내로라
하는 유명인들(영향력 있는 프로듀서와 감독은 물론이고 아름답
고 재능 있는 연예인들까지)이 매일같이 연락을 해왔고 고객 수
는 하루가 다르게 늘어만 갔다. 정말 신바람나는 시절이었다. 그
당시 나는 개인 트레이너라는 부업이 앞으로 나에게 어떤 미래를
가져다 줄 지 전혀 예상하지 못했지만 정말로 그 일을 즐겼다. 하
루하루가 짜릿한 모험 같은 시절이었다.

할리우드에 오기 전 나는 라크로스(Lacrosse: 한 팀이 10명으로 짜여
져 그물 모양의 라켓을 사용하는 하키 비슷한 구기의 일종) 경기를 좋아
했는데 경기 도중 무릎 부상을 당하고는 라크로스를 그만두었다.
그리고 혹독한 추위로 유명한 뉴욕 주 코트랜드를 떠나 미스터
아메리카가 되겠다는 꿈을 안고 로스앤젤레스로 향했다. 그러나
경쟁에서 이기기 위해 약물을 복용해야 한다는 사실을 알고는 그
꿈을 바로 접었다.

당시 스테로이드는 금지약물이 아니었다. 하지만 약물에 의존
하고 싶은 마음은 추호도 없었다. 어찌되었든 약물에 의존하는
것은 건강한 몸을 가꾸는 보디빌딩과는 전혀 어울리지 않았기 때
문이었다.

그러나 결과적으론 이러한 나의 소신이 결국 나를 전혀 다른 세상으로 이끌었다. 내가 어떤 길로 가고 있는 지도 알지 못한 채 나는 최초로 유명인들의 개인 트레이너로 일하면서 전혀 새로운 산업의 창시자가 되었다. 나도 깨닫지 못하는 사이에 비즈니스 세계에 발을 들여놓은 것이다.

"내가? 사업을 한다고?"

사실 처음엔 나 자신도 잘 믿기지 않는 얘기였다. 그 일은 아주 우연히 스튜디오 시티Studio City에서 나와 같은 아파트 단지에 살던 젊은 여배우의 의뢰로 시작된 일이었다. 그녀는 CF에서 조그만 역할을 맡았는데 비키니를 입고 출연해야 했기 때문에 몸매를 가꿀 필요가 있었다. 내가 짧은 시간에 그녀를 멋진 몸매로 만들어 줬다는 소문이 퍼지면서 갑자기 여기저기서 나를 찾는 전화가 울리기 시작한 것이다.

서두에서 말한 여성의 메시지도 그중 하나였다.

"제이크씨," 간절한 목소리였다.

"친구 생일선물로 개인 트레이닝을 받게 해주고 싶어요."

그리고는 주소를 하나 알려줬는데 콜드워터 캐니언 어디쯤이었다. 소위 잘 나간다는 사람들이 모여 사는 부자 동네였다. 야심차고 잘생긴 사람들, 젊고 활기찬 사람들이 모여 사는 곳이었다. 모두들 부와 명예를 얻기 위해 쉴새없이 달리는 사람들이었다. 두말할 것도 없이 나는 약속시간에 맞춰 그 주소로 찾아갔다. 마치 할리우드 영화의 한 장면처럼 멋진 경치를 자랑하는 호화로운 주택이었다. 나는 영화 주인공이라도 된 듯한 기분이 들었다. 두 근거리는 가슴으로 초인종을 누르는 내 머릿속에서는 영화의 배경 음악이 들리는 듯했다. 문이 열리면서 기가 막히게 세련된 여성이 나를 맞이했다. 나는 속으로 '굿!'이라고 외쳤다.

"어서 오세요. 전 캐시예요."

그 여성은 나를 향해 싱긋 웃었다.

"지금 내 친구가 어떤 생일선물을 받게 될 지 몹시 기대하고 있어요."

그리곤 나를 집안으로 안내했다. 정말이지 넓고 호화로운 저택이었다. 캘리포니아 선탠 오일 냄새가 풍겼고 오디오에선 부드러운 재즈 선율이 흘러 나왔다. 길고 어두운 복도를 지나 안으로 들어가니 풀장과 계곡이 내려다 보였다. 커다란 유리창에서 비치는 밝은 조명 때문에 눈이 부셔 앞을 보기가 어려울 정도였다. 눈을 몇 번 깜빡거려 겨우 밝은 빛에 적응한 내 눈앞에 한 사내가 나타났다. 놀랍게도 그 사람은 벌거벗은 스티븐 스필버그였다.

"제이크씨, 만나서 반갑습니다. 전 스티븐이라고 합니다."

여기서 잠깐!

혹시 아직까지도 이 책이 내가 만난 유명인들의 벌거벗은 모습에 관한 내용일 거라고 오해하는 독자가 있을지 몰라 이쯤에서 오해를 바로잡고자 한다. 내가 많은 유명인들의 벌거벗은 모습을 보긴 했지만 말 그대로 실오라기 하나 걸치지 않은 모습을 말하는 것은 절대 아니다. 부와 명예라는 허울을 벗어 던진 '자연인의 모습'을 말하는 것이다. 거들먹거리는 수행원들이나 선전, 비방, 메이크업, 구찌, 아르마니 따위의 가식과 허울을 모두 벗어 던져 버린 있는 그대로의 모습 말이다.

그날 나는 바로 그런 스티븐 스필버그의 자연인의 모습을 보았다. 그 어떤 가공도 하지 않은, 있는 그대로의 스필버그는 그저 평범한 한 사람에 불과했다. 신문이나 잡지, 극장에서 만난 다른 모든 유명인도 마찬가지다. 그들 모두 출중한 외모와 우수한 두뇌, 남다른 재능과 끼를 지니고 있다는 점을 제외하면, 그저 여느 사람들과 다를 바 없는 평범한 사람들이었다.

그들도 우리처럼 미래에 대한 불안과 근심, 각종 노이로제에 시달리며 몸과 얼굴에는 사마귀와 여드름이 나고 손발톱 주변에는 거스러미가 일어나는 평범한 사람들이었다. 다시 말해 '당신과 다른 게 전혀 없는' 사람들이다.

내가 본 스필버그의 첫 인상은 소박하기 그지없었다. 삐쩍 마른 몸매에 안경을 쓰고 티셔츠와 체육복 반바지를 입고, 검은색 양말에 테니스화를 신은 평범한 사람이었다. 나를 반갑게 맞아 주었지만 한편으론 긴장하고 있는 모습이 역력했다. 내게 털어놓은 것처럼 그는 중학교 2학년 이후론 운동이라곤 숨쉬기운동밖에 하지 않았기 때문이었다. 그가 감독한 영화 ET에 등장하는 외계인 ET의 팔뚝이 더 두꺼워 보일 정도였다.

"살살 좀 합시다."

그는 엄살을 떨며 농담을 던졌지만 나는 신병훈련소의 교관이 아니었다. 내가 온 이유는 그의 건강을 가꿔 주기 위해서지 그에게 엄포를 놓으며 몰아붙이기 위해서가 아니었다. 내가 그 점을 스필버그에게 이해시키고 긴장을 풀어 주기까지는 꽤 오랜 시간이 걸렸다.

그가 겁을 먹고 주눅들어 있었기 때문에 나는 쉬운 운동부터 시작했다. 타월과 빗자루, 의자만 있으면 간단하게 할 수 있는 기본적인 운동이었다. 그는 예상외로 잘 따라와 주었다. 운동은 그의 적성에 맞지 않는 일이었지만 그는 쉽게 포기하지 않는 사람이었다.

첫날치곤 비교적 성공적으로 운동을 끝마칠 수 있었다. 비록 땀을 비 오듯 흘렸지만 말이다. 나는 그에게 물을 마시고 잠시 천천히 걸으라고 일러 주었다. 몇 마일 떨어지지 않은 곳에 살고 있는 베트 미들러와 다음 약속이 잡혀 있어서 나는 서둘러 나서야만 했다. 베트 미들러 집에 도착하니 아직 운동할 준비가 되어 있지 않아 집으로 전화를 걸어 자동응답기에 남겨진 메시지를 확인했다.

다섯 통의 메시지가 있었는데 모두 스필버그가 남긴 것이었다.

"제이크, 팔을 못 움직이겠어요."

"제이크, 다리에 아무런 감각이 없는데 이거 괜찮은 거요?"

"제이크, 정말 걱정인데 목도 움직이지 못하겠어요. 몸이 제대로 움직이지 않아요. 다른 사람도 이러나요? 연락 좀 부탁합니다!"

가만히 놔두면 911에 전화를 걸어 앰뷸런스라도 부를 것 같아 그에게 전화를 걸었다. 스필버그는 상기된 목소리로 말했다.

"개인 트레이닝을 받고 나면 기분이 좋아질 줄 알았소."

"스필즈(나는 이미 내가 그에게 지어준 별명을 부르고 있었다), 아무 염려 말아요."

나는 일단 그를 안심시켰다.

"물을 좀 마시고 스트레칭을 해보세요. 그러면 괜찮아질 거예요. 뭉친 근육을 내일 같이 풀어보도록 하죠."

스필버그의 여자친구인 캐시가 그날 밤 내게 전화를 걸었다. 처음에 그녀의 목소리를 듣고 나는 스필버그가 일주일로 예정된 맛보기 트레이닝을 취소하기로 했다는 소식을 전할 거라고 생각했다. 아니면 재활시설로 실려갔다는 소식을 전해 주든지.

"그이가 매우 만족해 하고 있어요!"

그녀는 전혀 뜻밖의 소식을 알려 주었다. 그리곤 덧붙였다.

"다음주에는 해변에 있는 별장에서 트레이닝을 부탁드린대요."

우리는 함께 운동을 하면서 많은 이야기를 나누었다. 처음으로 엄청난 상업적 성공을 거둔 '죠스'로 스필버그는 더 이상 생계에 대한 걱정을 할 필요가 없게 되었다는 사실에 여전히 놀라움과 흥분을 가라앉히지 못했다. 나는 여전히 생활비를 걱정해야 하는 처지였기에 과연 그러한 성공이 어떤 기분일지 궁금했다. 그의 얘기를 듣다 보면 절로 흥분이 돼 나도 곧 그러한 성공을 거둘 수 있을 것만 같았다.

스필버그는 결코 자신의 성공에 자만하거나 우쭐해 하지 않았고 거만하게 행동하지도 않았다. 사람들이 자신의 작품을 이해하고 즐길 뿐만 아니라 엄청난 부를 안겨 주었고 그로 인해 더 많은 작품을 만들 수 있게 되었다는 사실이 신기롭다는 눈치였다. 그는 여전히 자신을 스마트한 어린이로 생각하고 있었다.

그는 고향인 신시내티를 떠나 애리조나로, 다시 캘리포니아로 이주하면서 새로운 곳의 생활에 제대로 적응하지 못해 어려움을 겪었던 어린 시절이 있었다. UCLA와 USC 영화학교에서도 모두 입학을 거부당했다. 그러나 그 후 불과 몇 년 사이에 그는 영화감독으로 대성공을 거두었다. 아무도 그의 어려운 시절을 기억하지 않겠지만 그는 할리우드의 여러 스튜디오를 기웃거리며 영화 제작자들에게 작품을 맡겨달라고 애원하고 다니던 어려운 시절을 결코 잊지 않았다.

어떤 면에서 스필버그는 어른들의 파티에 몰래 들어가 그 파티를 신나게 즐긴 아이 같았다. 당시 나는 그처럼 성공을 거두진 못했지만 같은 기분을 느끼고 있었다. 이는 우리가 금세 친구가 될 수 있었던 이유이기도 하다. 평범했던 사람이 운 좋게 할리우드 특급열차를 얻어 탄 그런 기분을 서로 공유했던 것이다.

스필버그와 함께 나는 워너 브라더스 전용기를 타고 이런저런 모임에 참석하기도 했고 콩코드를 타고 세계 여러 곳의 영화 촬영지를 답사하기도 했다. 스필버그 덕분에 난생 처음 외국 여행을 다닌 것이다. 내가 그에게 '윌즈Wiels(Wheels)'라는 새로운 별명을 지어준 이유는 힘차게 돌아가는 기계처럼 그의 머릿속에선 늘 새로운 아이디어가 샘솟았기 때문이었다. '죠스'와 '인디아나 존스' 같은 작품들도 모두 그의 머릿속에서 나온 것들이었다.

스필버그는 나에게 캐비어와 별 다섯 개짜리 최고급 호텔뿐만 아니라 우리 두 사람이 평범했던 어린 시절엔 결코 꿈도 꿔보지 못했던 달콤한 성공의 열매를 맛보게 해주었다.

스필버그가 자신의 인생을 새롭게 개척해 나가는 모습을 친구로서 지켜 보면서 나도 성공에 대해 하나씩 배워 나갔다. 스필버그는 나에게 크게 생각하도록 격려해 주었을 뿐만 아니라 인생엔 무한한 가능성과 기회가 숨어 있다는 사실도 깨닫게 해주었다. 그와 친구로 지내면서 나 역시 그러한 가능성과 기회를 찾았다. 나 역시 성공의 달콤한 열매를 경험한 것이다. 세상에서 가장 건전한 중독성약물인 성공을 맛보는 일이었다.

말하자면 나는 성공이라는 약물에 중독되었고 윌즈는 이런 약물을 나에게 공급해 주는 공급책이었다. 나는 체육복 바지와 티셔츠 차림을 한 스필버그의 가식 없는 모습을 목격했기 때문에 그가 평범한 사람이란 걸 잘 알고 있다. 물론 스필버그는 뛰어난 두뇌와 재능을 갖고 있었지만 자신에게 딱 맞는 자리를 찾아 천재성을 인정받기 전까지는 많은 난관에 부딪쳤던 사람에 불과했다. 또한 나는 많은 사람을 만나면서 스필버그만이 성공을 거둔 사람이 아니란 걸 알게 되었다.

스필버그는 나에게 내가 상상했던 것보다 훨씬 넓은 세상을 보여 주었고, 나는 이 세상에는 평범하지 않은 삶을 사는 평범한 사람들이 넘쳐 난다는 사실을 알게 되었다. 스필버그 덕분에 나는 해리슨 포드, 스티브 로스, 프리실라 프레슬리, 조지 루카스 같은 많은 유명인들을 고객으로 확보할 수 있었다.

나는 가식을 벗어 던진 그들의 참모습을 목격했고 그들도 나와 다르지 않은, 다시 말해 독자 여러분과도 다르지 않은 평범한 사람들임을 깨닫게 되었다.

> 많이 배운 사람도 있고 그렇지 못한 사람도 있다. 하지만 누구나 분명히 꿈을 가지고 있다.

그런 유명인들이 나보다(혹은 독자 여러분보다) 조금 더 높은 성공의 계단에 올라서 있는 것인 지도 모르겠지만, 그들과 함께 땀을 흘리며 느낀 점은 부와 명예가 우리가 흔히 생각하는 것보다 훨씬 더 가까이 있다는 사실이다.

나는 이 책을 통해 자기사업을 꿈꾸는 사람들에게 힘과 용기를 북돋아 주고 싶다. 독자들 중엔 분명 대학을 졸업한 사람도 있고 그렇지 못한 사람도 있을 것이다. 하지만 내가 장담할 수 있는 것은 누구나 자신만의 꿈을 가지고 있다는 사실이다.

나 역시 마찬가지다. 벽에 걸어 놓을 근사한 학위증명서는 없지만 학교에선 배울 수 없는 스트리트 스마트는 누구 못지 않다고 자부한다. 엄밀히 말하면 사업 초기 나는 능력이 출중했다기보다는 운이 좋은 케이스였다. 하지만 경험이 쌓일수록 내 능력도 커져 갔다. 현명한 사람들의 조언에 귀를 기울이고 나의 직감과 소신에도 귀를 기울였기 때문이다.

이 책을 읽는 독자 여러분 모두가 사업가로서 나와 같은 성공의 열매를 거두길 바라면서 내가 느끼고 배운 것들을 들려 주고자 한다. 성공의 별이 반드시 할리우드의 하늘에서만 반짝이지는 않는다. 여러분들이 하고 싶은 일이 무엇이든지 내가 하고 싶은 말은 딱 한가지이다.

"믿음이 있으면 성공할 수 있다."

직장생활을 해온 샐러리맨이라면 이제는 자기사업을 통해 재능과 노력에 대한 보상의 열매를 모두 자기 것으로 만들 수 있다. 대량해고나 감원, 기타 이런저런 사유로 직장을 잃은 실직자라면 막연한 걱정이나 분노 때문에 더 이상 아까운 시간을 낭비하지 말고 창업에 도전해 보라. 좋아하는 일을 하면서 돈도 벌 수 있는 방법을 찾아보면 반드시 그 길이 있다.

현재 어떤 상황에 처해 있건, 지금까지 어떤 일을 겪었건 그것은 문제가 안 된다. 당신은 창업을 통해 얼마든지 새로운 인생을 시작할 수 있다. 바로 이것이 내가 말하는 '벌거벗은 진리'이다.

> 대량해고나 감원, 기타 이런저런 이유로 직장을 잃은 실직자라면 막연한 걱정이나 분노 때문에 더 이상 아까운 시간을 낭비하지 말고 용감하게 창업에 도전하라.

이제 내가 걸어온 길을 간략하게나마 소개하겠다. 아마 이 책을 읽는 여러분의 과거나 현재 모습과 크게 다르지 않을 것이다. 나 역시 출생신고서에 '미래의 백만장자'라는 도장을 받고 태어난 사람이 아니다. 태어나면서부터 그런 보장을 받는 사람은 아무도 없다.

어릴 적 나는 지극히 평범한 아이에 지나지 않았다. 갤럽에서 여론조사를 한다면 나만 조사해도 평균치를 얻을 수 있을 정도였다. 어쩌면 그 평균치 아래일 지도 모른다. 좋게 말해 '땅딸막' 했고 말도 심하게 더듬었다.

그렇지만 친구도 많고 활발한 아이였다. 하지만 그 당시 나는 언젠가 내가 텔레비전에 출연하는 유명인이 될 것이라고는 꿈에도 생각하지 못했다. 수업시간에 앞에 나가 책을 읽는 것이 악몽과도 같은 시절이었다. 혼자 책을 읽을 때는 별문제가 없었지만 반 친구들 앞에서 큰소리로 책을 읽으려고만 하면 도무지 말을 꺼낼 수가 없었다. 창피하기도 하고 불만스러워 자연히 공부와는 멀어졌다. 말더듬이 증상이 나에겐 정말로 심각한 문제였다. 그렇지만 결코 자학하지는 않았다. 천성이 긍정적이고 낙관적이었기 때문이다.

나는 공부를 잘하기는 어렵다고 판단하고 대신 남을 웃기는 뚱보 역할을 선택했다. 물론 비만은 아니었지만 식성만은 누구에게도 뒤지지 않았다. 운동도 꽤 잘했고 활발했다. 여러 가지 운동을 즐겼고 주위 사람들을 잘 웃겨 친구들도 많았다. 열세 살 때 이미 165cm의 키에 몸무게가 80kg이 넘었다.

어머니의 손에 이끌려 성인식 때 입을 옷을 사기 위해 롱아일랜드에 있는 옷가게에 갔을 때의 일이다. 점원이 내 치수를 재보고는 "허스키husky"라고 했을 때 나는 무슨 뜻인지 몰랐다. 그가 보여 준 옷은 마치 샤워 커튼 같았다. 그리고는 또 다른 옷을 보여 주었다. 그 옷은 자동차 커버로도 쓸 수 있을 만큼 큰 푸른색 정장이었다. 소매에 '허스키'라는 라벨이 붙어 있었다.

"이게 무슨 뜻이에요?"

"이제 네가 어엿한 청년이라는 뜻이란다."

어머니는 빙긋 웃으며 그 뜻을 친절하게 일러 주었다. 나는 기분이 좋았다. 이제 내가 어엿한 청년이라니.

성인식날 아침 어머니께선 소매에 붙은 허스키 라벨을 떼라고 했지만 나는 떼고 싶지 않았다. 어머니가 내게 한 달치 용돈을 미리 주겠다는 약속을 하고서야 나는 그 라벨을 떼어 냈다.

내 인생의 전환점

당시 대부분의 아이들처럼 내가 보디빌딩에 대해 아는 거라곤 만화책의 뒷면에 나오는 찰스 아틀라스(Charles Atlas: 본명은 Angelo Siciliano(1892~1973). 이탈리아 출신으로 미국에서 유명한 보디빌더이자 사업가로 큰 성공을 거둠) 광고가 전부였다. 삐쩍 마르고 왜소한 한 남자가 해변에서 자신을 괴롭혔던 불량배를 혼내 주기 위해 몸을 단련한다는 내용이었다. 나는 친구들과 낄낄거리며 그냥 심심풀이로 그 광고를 보았다.

그런데 고등학교 1학년 때 전환점이 찾아왔다. 아버지가 내게 보디빌딩에 관심을 가져 보라고 권유하신 것이다. 해군 출신이셨던 아버지는 완고하셨지만 마음만은 부드러운 분이셨다. 아버지께선 내가 운동을 통해 몸을 가꾸면 비만과 말더듬는 문제를 해결하는데 큰 도움이 될 거라고 말씀하셨다. 집 뒷마당에 벤치 프레스와 바벨, 덤벨 등을 들여 놓으시곤 나에게 몇 가지 기본적인 동작을 가르쳐 주었다.

그러나 나는 별다른 흥미를 느끼지 못했다. 왜 나에게 그런 힘든 운동을 가르치려 하는지 이해할 수 없었다.

아버지는 강요하지는 않았다. 스스로 결정해야 할 일이란 걸 알고 계셨기 때문에 내 의견을 존중해 주셨다. 혹시 내가 마음이 바뀔 때를 대비해 운동기구는 뒷마당에 그대로 놓아 두었다. 그러나 운동기구는 여름내 비를 맞았고 가을이 되자 아버지께선 그것을 지하실로 옮기라고 말씀하셨다. 나는 운동기구를 내 침실에서 조금 떨어진 지하 세탁실로 옮겼다. 거기서도 운동기구는 자리만 차지하고 있을 뿐이었다. 나는 하루에도 몇 번씩 그것들을 넘어 다니거나 옆으로 돌아다녀야만 했다.

때론 인생이나 사업의 성공을 위해 꼭 필요한 도구들이 그저 주인이 찾아 주기만을 기다리며 주변에 머물러 있는 경우가 있다. 그것은 우리 주변에 있는 사소한 그 무엇일 수도 있고 우리 내면에 존재하는 그 어떤 것일 수도 있다. 우리가 손을 내밀어 그것을 사용하기 전까지 그것들은 그저 물건에 불과하다. 하지만 우리가 적극적으로 그것을 찾아 나서고 삶의 동반자로 만든다면 그것은 세상을 움직이는 동력이 된다.

> 때론 인생이나 사업의 성공을 위해 꼭 필요한 도구들이 그저 주인이 찾아 주기만을 기다리면서 주변에 머물러 있는 경우가 있다.

고등학교 2학년 때 한 번은 공부에 싫증이 나 무심코 옆에 있던 이지컬 바(Easy-curl bar: 잡기 편하도록 바가 W 형태로 휜 역기)를 집어 들었다. 그리곤 공부하던 책을 덮고 배가 출렁거리는 탱크 탑 차림으로 지하실 방을 어슬렁거리며 돌아다녔다. 그때 헤드폰을 끼고 있었는데 흘러나오는 노래가 나에게 큰 감동을 주었다. 프랭크 시나트라의 '마이 웨이'였다. 노래를 들으며 나는 이지컬 바를 내려놓고 바벨을 들었다. 그리고 전신거울 앞에 섰다.

사실 노래 자체는 그리 크게 감동적이지는 않았다. 진정 내 인생을 바꿔놓은 것은 노래가 끝나고 난 다음이었다. 라이브 앨범이었기 때문에 노래가 끝나자 청중들의 우레와 같은 박수소리와 환호성, 발을 구르는 소리가 오랫동안 이어졌다. 나는 바벨로 이두근 운동을 하면서 내 귀에 들리는 환호성과 박수소리가 나를 향한 것이라는 상상에 빠졌다. 내가 이두근 운동을 하는 동안 매디슨 스퀘어 가든을 가득 메운 5만 여 청중이 모두 내 이름을 연호하는 상상에 빠진 것이다. 정말이지 상상에 불과했지만 내 인생에 있어 참으로 결정적인 순간이었다.

희망과 다짐

돌이켜 생각해 보면 그때의 감동과 상상은 내가 헬스와 휘트니스에 전념하게 된 계기가 되었을 뿐만 아니라 사업가로서의 출발점이 아니었나 싶다. 자칫 방황에 빠지기 쉬운 사춘기 시절에 우연히 느낀 그 감동과 상상은 내겐 정말로 소중한 경험이었다. 그날 이후 나는 보디빌딩 관련 책과 잡지를 닥치는 대로 읽기 시작했고, 본격적으로 운동을 시작했다. 내 몸은 급속도로 좋아졌는데 리얼리티 TV 프로그램의 소재가 될 정도로 변화를 보였다. 지하실 방에서 처음 바벨을 든 그 순간은 내 인생에 있어서 일대 전환점이었다. 그래서 나는 그 순간을 어제 찍은 사진처럼 아직도 생생히 기억하고 있다.

> 창업의 어려움에 고민하기보다는 문제의 해결책에 초점을 맞춰라.
> 무한한 기회의 문이 활짝 열릴 것이다.

과학자들은 우리의 뇌가 사춘기를 거치면서 급격한 변화를 겪는다고 말한다. 신경세포를 연결하는 새로운 시냅스가 형성되면서 논리적인 사고와 계산 능력이 확장된다. 이러한 급격한 변화 때문에 사춘기 시절엔 그렇게 잠도 많고 반대로 어떤 때는 밤도깨비처럼 밤늦게까지 잠을 자지 않기도 하고 때로는 걷잡을 수 없는 방황에 빠진다.

내가 그 시절을 그렇게 생생하게 기억하는 이유도 아마 그 때문인 것 같다. 나의 몸과 마음은 동시에 급격한 변화를 겪었다. 보디빌딩을 통해 내 몸을 가꾸기 시작하면서 내 자신에 대한 생각이 달라지기 시작한 것이다.

나는 마치 스타벅스의 '트리플 톨 드라이 카푸치노(triple tall dry cappuccino: 세 개의 에스프레소 샷이 들어가 우유 거품이 풍부한 12온스 카푸치노)'를 마신 것처럼 새로운 기운이 솟아났다. 걸음걸이도 전보다 더 당당해졌고 옷차림도 더 깔끔하고 단정해졌다. 불룩하게 나온 배를 가리기 위해 바지 위로 늘어뜨린 셔츠도 단정하게 바지에 집어넣어 입었다. 걸을 때도 가슴을 당당하게 내밀고 어깨를 폈다.

근육은 더 단단해지고 커졌다. 몰라보게 달라진 내 모습에 처음엔 남자아이들이 놀라기 시작했고, 나중엔 여자아이들이 수군대기 시작했다. 단조로운 흑백 TV 같던 내 인생을 누군가 한순간에 화려한 컬러 TV로 바꿔놓은 것 같았다. 고화질의 해상도와 서라운드 음향까지 덧붙여서 말이다. 그러나 무엇보다도 집중력과 자기 제어력이 몰라보게 달라졌다.

나는 그날 이후 하루도 거르지 않고 운동을 했으며 찰스 아틀라스가 펴낸 〈일주일 만에 몸짱되기Muscles in Seven Days〉란 책을 우편으로 주문하기도 했다(그러나 끝내 받지는 못했다). 한창 혈기왕성한 나이에 웨이트 트레이닝을 하면 하루가 다르게 몸이 좋아진다. 운동으로 되찾은 자신감 덕분에 고등학교 시절은 훨씬 즐겁게 보낼 수 있었다. 당연히 지긋지긋한 말더듬이 증상도 사라졌다.

> 성공을 바라기만 해서는 안 된다. 희망사항은 어떤 것도 바꿔놓지 못한다. 실행이 있어야 성공할 수 있다.

그렇다면 이런 나의 놀라운 경험은 사업가로서의 성공과 무슨 관련이 있을까? 사업가는 타고나는 것이지 만들어지는 것은 아니라고 주장하는 사람들이 있다. 하지만 이 세상은 주인공이 나타나기를 기다리는 성공 신화들로 가득 차 있다. 내 자신의 경험만으로 하는 얘기가 아니다. 내가 그동안 만난 수많은 사람들의 성공 사례를 봐도 그렇다. 험난한 역경을 딛고 성공을 이룬 사람들의 사례는 수없이 많다.

그들은 예전엔 존재하는지조차 몰랐던 분야에서 자신만의 독창적인 방식으로 성공을 이루었다. 분명한 것은 나와 같은 사람(많이 배우지도 못하고 물려받은 재산도 없는)이 자신이 좋아하는 일을 하면서 풍요롭고 보람된 인생을 살 수 있다면 당신도 그런 성공을 거둘 수 있다는 점이다.

성공을 위한 방법과 전략에 대해서는 이미 귀가 아프게 들었을 것이다. 당신이 성공에 대해 어떤 충고를 들었든지 간에 성공이란 결국 아주 단순하고 기본적인 무언가로 요약될 수 있다.

가장 중요한 것은 먼저 '성공하고야 말겠다는 굳은 결단을 내려야 한다'는 점이다. 성공을 바라기만 해서는 안 된다. 희망은 어떤 것도 바꿔 놓지 못한다. 결단과 실행이 있어야 성공한다.

스트리트 스마트 성공 가이드

오늘날 나는 TV에서 광고하는 헬스·휘트니스 제품을 판매하는 보디 바이 제이크Body By Jake(BBJ) 브랜드로 잘 알려져 있지만, 이 책은 비즈니스 바이 제이크, 즉 제이크가 들려주는 사업 이야기이다.

내가 이 책을 쓰게 된 계기는 우연찮은 기회에 스탠퍼드, 콜럼비아, 뉴욕 대학 등의 몇몇 유명 대학에 개설된 비즈니스 강좌에 강사로 나서면서부터였다. 여러 대학에서 강의를 하면서 나는 MBA 교수도 온갖 시행착오를 겪으며 성공한 사업가들이 사업의 현실적인 문제에 대해 나름대로 독창적인 시각과 안목을 가지고 있다는 사실은 미처 몰랐을 거라는 생각이 들었다.

스탠퍼드 대학 비즈니스 스쿨의 경영연구센터에서 강의를 할 때의 일이다. 공교롭게도 그날 같은 시간에 그 유명한 워렌 버핏의 강의도 있었다. 나는 경비 아저씨 몇 명만 들어와도 다행이라는 생각이 들었다. 하지만 내 강의실은 학생들로 발 디딜 틈이 없었다. 물론 버핏의 강의실도 학생들로 초만원을 이뤘다.

나는 평소에도 활력이 넘치는 사람이지만 강의를 할 때면 더 힘이 솟는다. 진지하게 나의 이야기를 듣는 학생들의 모습에서 많은 활력을 얻기 때문이다. 강의 내용은 주로 내가 어떻게 할리우드 최초의 개인 트레이닝 사업을 바탕으로 글로벌 멀티미디어 헬스·휘트니스 기업을 일굴 수 있었는지, 그리고 텔레비전과 메이저리그 스포츠 등 새로운 사업을 통해 꾸준히 사업 영역을 넓히고 브랜드를 키워나가는 지에 관한 것이다.

혹시나 내가 멋진 근육질 몸매에 곱상한 얼굴을 지닌 사업가라고 상상하는 독자가 있으면 그런 생각은 버려라. 물론 곱상한 얼굴이기는 하지만 나는 '잘 생긴 사업가'라는 호칭보다는 '유머 감각을 갖춘 사업가'라는 평을 듣고 싶다.

나는 1980년대 초, 할리우드 최초로 연예인들의 개인 트레이너로 활동했던 경험을 바탕으로 사업을 시작했다. 유명 연예인들과 연예계를 쥐락펴락하는 사람들의 개인 트레이너로 일하는 것만으로도 충분히 풍족한 생활을 할 수 있었다. 그러나 연예계에서 대성한 사업가들을 만나면서 내 인생에 대해 더 큰 비전을 갖게 되었다.

화려한 연예계를 접해본 사람이라면 누구나 그렇듯이 나 역시 배우가 될 꿈을 꾸었고 어느 정도 그 꿈을 이루기도 했다. 하지만 이 세상에서 가장 행복한 사람은 타고난 재능과 적성에 맞춰 자신이 좋아하는 일을 하는 사람이란 사실도 알게 되었다. 가끔씩 영화에도 출연하고, 4년간 방영된 텔레비전 시리즈 '빅 브라더 제이크'에도 출연하면서 즐거운 시간을 보냈지만 롱아일랜드의 지하실 방에서 처음 운동을 시작한 이후 내가 가장 좋아했던 일은 언제나 건강하고 활기찬 생활을 추구하는 일이었다.

지금도 나는 운동을 좋아하는 여러 유명 연예인들에게서 애교 섞인 원성을 많이 듣는다. 특히 페이 더너웨이는 30분에 200달러를 받는 나의 트레이닝 비용 때문에 할리우드에서 건강을 지키는 가격이 크게 올랐다고 농담을 건넸다. 하지만 성공한 나의 고객들은 즐거움과 동기를 북돋아 주는 동시에 확실한 결과를 보장하는 나의 트레이닝을 받는데 기꺼이 많은 돈을 지불했다.

할리우드에서의 경험은 나에게 바쁘게 살아가는 사람들이야 말로 휘트니스 기구의 주요 고객이라는 사실을 깨닫게 해 주었다. 이런 깨달음을 바탕으로 나는 보디 바이 제이크(BBJ)라는 브랜드를 내세운 가정용 운동기구의 개발과 마케팅 사업에 뛰어들었다. 현재는 브랜드 홍보를 위해 TV와 인쇄물 광고에 1억 9천만 달러 이상을 투자하고 있으며 400만 명이 넘는 고객을 대상으로 6억 달러 이상의 매출을 기록하고 있다.

업계 최초로 정보광고에도 진출해 선두자리를 지키고 있으며, 각종 산업상도 휩쓸었다. 홈쇼핑 네트워크(HSN)와의 제휴를 통해 많은 수익을 창출했으며 BBJ 프로덕션이라는 자체 TV 프로그램 제작회사를 운영하고 있다. 1993년에 설립한 24시간 헬스·휘트니스 전문 케이블 채널인 FitTV는 97년에 5억 달러에 루퍼트 머독이 소유한 폭스·리버티 네트워크에 매각되었다.

메이저리그 진출

BBJ가 세계에서 가장 신뢰받고 인정받는 휘트니스 브랜드로 자리매김했지만 나는 여기에 만족하지 않고 계속해서 의류와 신발 등 새로운 아이템으로 브랜드를 확장시켰다. BBJ 글로벌 이외에 내가 가장 최근에 시작한 사업은 지금까지 해왔던 어떤 일보다 흥미롭고 도전적인 일이다. 이 사업에 관해서만 글을 써도 책 한 권 분량은 족히 될 것이다. 나는 이 사업이 스포츠 역사상 가장 대단한 성공 신화 중 하나로 기록되리라 확신한다.

나는 미국 최초의 실외 프로 라크로스 리그인 '메이저리그 라크로스(MLL, Major League Lacrosse)'를 창립했다. 고등학교 시절, 그리고 잠깐 대학을 다녔을 때 미국에서 가장 오랜 역사를 자랑하는 스포츠인 라크로스 선수로 활약한 경험을 바탕으로 라크로스 리그를 창설한 것이다.

여기에 만족하지 않고 이제는 라크로스를 빠른 경기 진행과 많은 득점, 격렬한 몸싸움 등이 더해진 가장 젊은 프로 스포츠로 만들기 위해 노력하고 있다. MLL은 세계 최고 수준의 프로 라크로스를 목적으로 2000년 6월 단일체제로 출범되었다. 프린스턴대학의 전설적인 라크로스 선수 출신으로 '워리어 라크로스'라는 라크로스 장비회사를 설립한 데이브 머로우와 FitTV의 동업자이자 친구인 팀 로버트슨이 파트너로 참여했다.

5월부터 8월까지 경기를 펼치는 라크로스는 볼티모어와 보스턴, 롱아일랜드, 뉴저지, 필라델피아, 로체스터를 연고로 한 6개 팀으로 출범했다. 2006년에는 서부지역 6개 도시를 추가 연고지로 지정할 계획이다. 팀을 운영하기 위해 구단주가 납입해야 하는 구단 운영권 비용이 처음엔 60만 달러였지만 현재는 150만 달러로 크게 올랐다.

출범 4년 만에 ESPN과도 TV 방영 계약을 체결했고, 게토레이, 토미 힐피거, 24 Hour 휘트니스, 스포팅 뉴스, 조박서, 캐스케이드 스포츠 헬멧, 소니 픽처스, 스타벅스, 파라마운트, 그레이트 아틀란틱 라크로스 컴퍼니 등 굵직굵직한 업체들과도 공식 제휴 관계를 체결했다. 앤호이저-부시, 뉴밸런스, 워리어, 언더아머 등과는 다년간의 스폰서 계약을 체결했다.

사업을 하면서 산전수전, 공중전까지 다 겪어 봤지만, 프로 스포츠 리그를 출범하는 일은 내가 해온 일 중에 가장 도전적이면서도 신나는 일이었다. 사업이 리스크를 관리하는 법을 익히는 과정이라면, 리스크 분야에서도 나는 메이저리그에 진출한 셈이었다.

끝없는 도전

보디빌딩을 열심히 하던 시절, 나는 항상 무게를 늘려가며 새로운 한계에 도전했다. 우리 몸은 결국 근육이 최대의 힘을 발휘할 수 있는 만큼의 무게만을 들어올릴 수 있다. 내가 사업을 좋아하는 이유가 바로 이것이다. 사업에는 한계가 없다. 유일한 한계는 자신의 상상과 에너지가 완전히 고갈될 때뿐이다.

그렇다면 돈은 어떨까? 의심할 여지없이 돈은 사업에 있어 매우 중요한 요소다. 현금흐름은 대부분의 사업에서 필수불가결한 생명선과도 같다. 하지만 돈이 모든 걸 해결해 주지는 않는다. 돈보다 더 중요한 것들이 있다.

그것은 바로 창의성과 스트리트 스마트, 팀워크, 에너지, 끈기, 두둑한 배짱 그리고 포기할 줄 모르는 자세이다. 내가 세상 사람들에게 들려 주고 싶은 교훈들이다. 나의 성공은 생생하고 실제적인 사례가 될 것이다. 오늘날 수백만 달러 규모의 기업을 일굴 수 있었던 밑천도 따지고 보면 개인 트레이닝을 처음 시작했을 때 사용했던 타월과 빗자루, 의자가 전부였기 때문이다.

이제 당신도 결단을 내려야 할 때다. 바라기만 해서는 원하는 것을 얻을 수 없다. 성공을 위해 무엇을 할 것인지 결단을 내려야 한다.

스트리트 스마트 성공을 위한 다섯 가지 원칙을 기억하라.

1. 규칙은 내가 정한다! 일반적 비즈니스에는 9시 출근, 6시 퇴근, 주 5일 혹은 6일 근무, 적절한 비즈니스 옷차림, 회사 내의 인간관계, 승진 등 갖가지 관행이 있다. 이런 것에 대해서 나는 아무것도 모른다. 또 내가 말하고자 하는 비즈니스 원칙에도 포함되지 않는다.

자신만의 규칙을 정할 수 있는 자유, 혹은 아무런 규칙도 정하지 않는 자유는 자기사업을 하는 가장 좋은 장점이다. 나는 살면서 시계를 때려부순 적이 몇 번 있다. 정해진 시간이 되면 새장에서 나와 울어대는 뻐꾸기가 내 자신처럼 느껴졌기 때문이다.

하지만 나에게도 내가 만든 규칙은 있다. LA에서 사업을 하면서부터는 대개 낮 12시쯤에 사무실에 출근한다. 오전엔 집에 머물며 운동을 하고 여기저기 전화 통화를 하고 신문이나 책을 읽고, 아내와 아이들과 아침 식사를 하며 차분한 오전 시간을 보낸다. 집을 나서기도 전에 벌써 많은 일을 하는 것이다.

사무실로 향할 때는 보통 청바지와 폴로 셔츠 차림에 테니스화를 신는다. 직원들 역시 회사에서 대부분 각자의 취향에 따라 편안한 복장으로 근무한다. 어떤 직원은 무더운 여름에도 스키 파카에 장갑을 끼고 근무하기도 하는데, 내가 한여름에는 실내가 춥게 느껴질 정도로 에어컨을 세게 틀어놓길 좋아하기 때문이다. 하지만 우리가 갖가지 비즈니스 형식과 관행을 따르지 않는다고 해서 주먹구구식으로 일을 한다는 의미는 결코 아니다. 우리는 열심히 그리고 즐겁게 일한다.

일을 열심히 하기 위해 반드시 규칙이 필요한 것은 아니다. 우리 모두는 형식적인 규칙 없이도 열심히 일을 한다. 나는 많은 시간을 일한다. 주말엔 대개 홈쇼핑 네트워크에 출연하고, 때론 일주일 내내 비행기를 타고 출장을 다니는 경우도 있다.

하지만 내 사업의 주인은 바로 나다. 내가 열심히 일해 거둔 보상은 모두 내 것이 된다. 그리고 나는 고객들의 건강한 삶을 증진시키는 내 일을 사랑한다. 참으로 멋진 인생 아닌가. 바로 이런 점 때문에 나는 여러분들에게 스트리트 스마트에의 성공을 권유하는 것이다.

2. 지루한 삶은 이제 그만! 나는 사무실에서 20분간 스트레칭을 하면서 몇 개의 일을 동시에 처리한다.

● 광고 촬영지로 물색 중인 하와이의 대저택 사진들을 검토했다.
● 메이저리그 라크로스 커미셔너와 연고 도시 확장에 대해 논의했다.
● 디온 샌더스(Deion Sanders: 월드시리즈와 슈퍼볼에 모두 출전한 유일무이한 선수)와 그의 멋진 아내 필라와 전화를 통해 댈러스 인근에 있는 그들의 집에서 촬영할 광고 문제를 상의했다.

일상적인 하루를 보내면서 내가 하지 않는 유일한 일은 지루함을 느끼는 일이다. 내가 아는 다른 사업가들 역시 모두들 지루함을 느낄 틈도 없이 바쁘게 지낸다. 어떤 사업이 지루해지면 즉각 다른 사업을 벌이기 때문에 지루함을 느낄 틈이 없다. 워낙 다양한 사업을 동시에 진행하다 보니까 사소하고 세부적인 문제들은 전문 관리자들을 고용해 처리할 수밖에 없다. 이런 식으로 사업을 키워 나가고 새로운 기회를 찾아가면서 그들은 언제나 활기찬 삶을 살아간다.

나의 아버지께서는 말년에 '먹고사는' 문제 때문에 어쩔 수 없이 마음에도 없는 일을 하게 되었다. 그러나 그 일에 곧 흥미를 잃고 결국 삶에 대한 활력과 성취 의욕까지 잃어버리고 말았다. 참으로 안타까운 모습이었다. 그 일은 아버지의 인간관계와 건강에까지 좋지 않은 영향을 미쳤다. 누구든지 주변에서 이런 경우를 많이 목격했을 것이다. 그 시절 나는 결코 아버지처럼 살지 않겠다고 굳게 결심했다. 여러분에게도 이런 슬픈 일이 일어나지 않기를 바란다. 인생은 짧다.

아침에 일어나 직장에 출근하는 일이 기대되지 않는 날이 많다면 다른 일을 찾아야 한다. 대부분의 사람들은 자신을 위해서 일할 때, 자신이 좋아하는 일을 할 때, 그 일에 자신이 가진 모든 에너지와 창의력을 쏟아 부을 때 가장 큰 행복감을 느낀다. 물론 남을 위해 일하는 게 더 좋은 사람들도 있다. 남을 위해 일하는 게 행복하다면 그렇게 하라. 본인이 좋다면 말릴 수 없다.

하지만 나와 같은 사람들은(이 책을 읽는 독자들도 마찬가지라고 생각하지만) 뒷좌석에 앉아 이끄는 대로 따라가는 것보다는 운전석에 앉아 직접 차를 모는 게 훨씬 더 짜릿하다. 자신이 좋아하는 일을 하면서 보다 나은 세상을 만들 수 있다면 이보다 더 좋을 순 없지 않겠는가. 성공의 척도는 은행계좌에 쌓이는 돈이 아니다. '가슴을 뛰게 만드느냐 그렇지 않느냐'가 더 중요한 문제다.

> 아침에 일어나 직장에 출근하는 일이 기대되지 않는 날이 많다면 다
> 른 일을 찾아봐야 한다.

3. 발자취를 남겨라! 오늘날 피라미드를 세운다면 비용이 얼마나 들까? 인건비와 석회암 가격이 천정부지로 치솟았으니 투탕카멘처럼 자신만을 위한 기념비를 세우는 것은 그다지 실용적이지 못하다. 오르락내리락 하는 관광객들에게 내 무덤이 밟히는 것 또한 좋은 기분은 아니다. 당신이 이 세상에 발자취를 남기고 싶다면, 투탕카멘처럼 거대한 무덤을 남기는 것보다는 자기사업을 하는 편이 훨씬 낫다.

사회적 동물인 인간은 모두 자신보다 더 큰 무언가에 소속되고 싶어하는 심리가 있다. 대부분의 사람들이 단체나 사교 모임, 각종 커뮤니티 등에 자연스럽게 이끌리는 이유도 바로 그 때문이다. 사회를 위해 무언가를 만들어 내고자 하는 욕구도 사회적 동물인 인간이 가진 본능 가운데 하나이다.

자신이 가진 스트리트 스마트를 이용해 회사를 창업한다면 곧 사회적 부에 기여하는 일이다. 경제학자들은 흔히 일자리를 창출하고, 세금을 내고, 제품과 서비스를 제공하는 기업가들이야말로 미국 경제의 생명줄이라고 말한다.

우리 BBJ 글로벌은 최소한의 비용과 인력으로 운영되고 있다. 사무실에서 일하는 직원은 고작해야 열다섯 명뿐이다. 사람이 많지 않으니 가족적인 분위기다. 직원 중에 누가 새집을 장만하거

나 새차를 뽑으면 다들 자기 일처럼 좋아한다. 서로 힘을 모아 땀 흘려 키운 회사가 각자의 삶을 보다 윤택하게 해 준다는 뿌듯함 때문이다. 정말 기분 좋은 일이 아닐 수 없다. 자기사업을 시작한다는 것은 단순히 먹고살기 위한 문제가 아니다. 자신의 발자취를 남기는 문제이다.

> 자기사업을 시작하는 것은 단순히 '먹고살기 위한' 문제가 아니다. 자신의 발자취를 남기는 문제이다.

4. 게임의 주인공은 바로 나! 일단 자기사업을 시작하면 스스로가 주인공이 된다. 더 이상 스탠드나 벤치에서 구경만 하는 구경꾼이 아니라 가장 중요한 게임의 주인공이 되는 것이다. 크건 작건 당신의 사업은 또한 이 사회를 움직이는 사회경제적 엔진의 일부가 된다. 그렇다고 매일 아침 출근하면서 "오늘은 내가 엄청난 돈을 벌어 국민총생산에 막대한 기여를 해야겠다!"라고 생각할 것까지는 없다. 하지만 자기사업가들이 세계 경제에 없어서는 안 될 중요한 부분이라는 건 분명한 사실이다.

연구에 따르면 창업은 경제성장과 고용창출 측면에서 한 나라의 경제 번영에 커다란 기여를 한다. 뱁슨 대학과 런던 비즈니스 스쿨, 카프만 기업리더십센터의 연구자들이 10개국을 대상으로 조사한 바에 따르면 창업은 경제성장률의 1/3 정도를 담당하는 것으로 밝혀졌다. 이 연구에 참여했던 런던 비즈니스 스쿨의 마이클 헤이 교수는 창업은 경제 번영에 중요한 역할을 담당하며 창업률이 낮은 나라는 경기 침체에 빠질 위험이 높다고 지적한다.

따라서 스트리트 스마트형 사람들과 북 스마트형(Book-smart: 이론가형, 학자형, 책 똑똑이) 사람들 모두 "사업을 한다는 것은 벤치에서 나와 직접 게임에 뛰어드는 것을 의미한다"는 데 의견을 같이 한다.

5. 포기란 없다! 나는 아직까지 은퇴한 사업가는 만나보지 못했다. 이런 사실은 내게 미래에 대한 희망을 안겨 준다. 현재로선 은퇴해서 경로당이나 다니며 셔플보드(Shuffleboard: 긴 막대로 원반을 치는 놀이)로 소일하는 게 전혀 매력적으로 느껴지지 않는다. 이 생각은 내가 70세가 되어서도 달라지지 않을 것이다.

나는 영원히 활기차게 살고 싶다. 계속해서 게임에서 현역으로 뛰고 싶다. 게임을 흥미롭게 만들 자신이 있기 때문이다. 그렇다고 늙어서 지팡이를 짚고 BBJ 포도주스 광고를 찍고 싶은 마음은 없다. 때가 되면 사업을 다음 세대의 스트리트 스마트 사업가에게 물려 줄 계획이다. 하지만 계속해서 새로운 아이디어를 쏟아내고, 힘닿는 한 그 아이디어를 실현하기 위해 노력할 생각이다. 사업가에겐 정해진 은퇴 연령이 없기 때문이다. 자신이 좋아하는 일을 즐기는 데 무슨 은퇴 연령이 있겠는가.

미국퇴직자협회가 베이비붐 세대를 대상으로 1998년 조사한 바에 따르면 응답자의 80%가 퇴직 연령 이후에도 계속해서 일을 할 계획이며, 이중 17%가 창업을 계획하고 있다고 한다. 최근에 실시한 다른 조사에서는 65세 이상의 남성 22%와 여성의 14%가 자영업의 형태로 일을 하고 있는 것으로 파악되었다. 다른 연령층의 경우엔 자영업자의 비율이 7%에 불과한 것으로 조사되었다.

바클레이즈 은행이 발표한 〈노년 기업가*Third Age Entrepreneurs*〉라는 제목의 보고서에 따르면 10년 전에 비해 상대적으로 나이가 많은 사람들에 의한 창업 비율이 50% 이상 증가했다. 2003년에만 6만여 업체가 새로 문을 열었다. 물론 누구도 당신에게 나이 들어서까지 계속 일을 하라고 강요하진 않겠지만, 다음을 생각해 보자.

자신이 가진 창의력과 노하우를 이용해 자신이 좋아하는 일을 하면서 즐거움과 보람을 느낄 수 있다면 –덤으로 새로운 일자리를 창출하고 지역사회에 기여하면서– 당신은 아마 일을 그만두고 싶은 마음이 없어질 것이다. 세상 사람들은 당신이 보여 주는 대로 당신이란 사람을 인정한다.

Chapter 2

스트리트 스마트

우리 가족은 내가 보디빌더가 되기 위해 서부로 떠난지 얼마 되지 않아 롱아일랜드에서 LA 교외로 이사를 왔다. 부모님은 내가 선택한 진로에 대해 걱정이 많으셨다. 미스터 아메리카가 되겠다는 내 꿈이 너무 어렵고 힘든 길이라 생각하신 것이다.

무엇보다 보디빌딩이란 걸 해서 제대로 먹고 살 수나 있으려나 걱정하셨다. 그래서 아버지께서는 당신께서 하고 계신 사업에 내 관심을 돌려보려고 하셨다. 쇼핑과 부동산 정보에 관한 가이드 잡지를 발행하는 사업이었는데, 아버지께서는 내가 광고영업을 하기를 원하셨다. 나는 그 일에 그다지 큰 흥미를 느끼진 못했지만 일단은 아버지의 원대로 일을 한 번 해보기로 결심했다.

아버지는 잡지에 광고를 내는 단골 고객 중 한 명인 꽃가게 사장을 내가 직접 방문하도록 약속을 잡으셨다. 당시에는 몰랐지만 아버지는 내가 모르는 계획을 꾸미셨다. 아버지는 꽃가게 사장에게 내가 광고를 따내도록 도와 주면 무료로 광고를 실어 주겠다고 약속하신 것이다. 자식을 위해 그 정도로 애쓰시는 아버지의 말씀을 어떻게 거역할 수 있겠는가. 하지만 문제는 내가 그런 일에 전혀 흥미가 없다는 것이었고, 광고를 따내는 일이 나에겐 별로 중요한 문제가 아니었다.

잡지를 발행하는 사업은 결코 쉬운 일이 아니었지만 아버지는 정말로 근면 성실하게 일하셨다. 그러나 정장에 넥타이를 매고 하는 일은 내겐 맞지 않았다. 나는 셔츠 단추를 맨 위까지 채우면 목에 핏줄이 서고 얼굴이 빨개진다. 광고를 따오는 게 아니라 근육을 키우는 게 내 적성에 맞는 일이었다.

당시 내 관심은 이두근을 코코넛만큼 크게 키우는 것뿐이었다. 하지만 아버지의 정성을 생각해서 정장을 입고 잡지와 영업 자료를 챙겨 꽃가게로 찾아갔다. 아버지가 알려 준 대로 나는 열심히 꽃가게 사장에게 800달러짜리 표지 전면 광고를 설명했다.

"고맙지만 사양하겠소."

그는 아버지가 알려 준 시나리오에 따라 내 광고 제안을 거절했다. 아버지의 시나리오대로라면 내가 또 한 번 권유를 했어야 했는데 나는 곧바로 의자에서 일어섰다.

"잘 알겠습니다. 어쨌든 감사합니다."

나는 금세 포기하고 가게를 나왔다. 아무런 소득도 없이 사무실로 돌아가자 아버지께서는 깜짝 놀라셨다.

"그렇게 쉽게 포기를 했단 말이냐?"

"싫다는데 어떻게 해요. 광고를 신도록 신부 부케로 흠씬 두들겨 패기라도 해야 한단 말씀인가요?"

"당연히 싫다고 하지, 이 바보야. 네가 끝까지 매달리도록 꽃가게 사장에게 일부러 좀 까다롭게 굴어달라고 부탁까지 했단 말이다!"

아버지는 크게 실망하셨지만 어쩔 수 없었다.

네가 좋아하는 일을 하라

그 일이 있은 후 나는 아버지의 사업에서 완전히 손을 뗐고, 아버지도 다시는 내게 광고영업을 맡기려 하지 않으셨다. 아버지는 아들이 영업과 마케팅에 재능이 있음을 발견하셨지만 그런 재능을 발휘할 수 있는 길은 스스로 찾아야 한다는 사실도 잘 알고 계셨다.

"네가 좋아하는 일을 하도록 해라."고 하셨던 아버지의 말씀이 옳았다.

자신과의 대화

당신이 자기사업을 하기로 결정했다면 먼저 창업에 가장 중요한 역할을 할 수 있는 사람과 진지한 대화를 나눠보길 권한다. 그 사람이 누군지 알고 싶다면 거울을 보라. 바로 여러분 자신이다.

다른 사람에게 자신의 꿈을 납득시키려면 먼저 자기 자신을 납득시켜야 한다. 이 일이 정말 자신이 하고 싶어하는 일인지 확신이 서야 한다. 진정으로 이 사업을 통해 새로운 인생을 개척하길 원하는지 스스로에게 물어야 한다.

그게 뭐 그리 중요한 일이냐고? 예순 다섯 살이 돼서 거울을 보고 '그때 내가 좋아하는 일을 했어야 했어'라고 후회하지 않기를 바라기 때문이다. 다른 길을 갔어야 했다고 때늦은 후회를 하지 않으려면 더 늦기 전에 자신이 좋아하는 일을 찾아 인생을 개척해야 한다.

자신과의 진지한 대화를 통해 스스로에게 이렇게 물어라. '이 것이 진정 내가 원하는 일인가?', '생각하는 것만으로도 가슴이 설레는가?'

> 예순 다섯 살이 돼서 거울을 보고 '그때 내가 좋아하는 일을 했어야 했어'라고 때늦은 후회를 하지 않기를 바란다.

몇 달 혹은 몇 년 앞을 바라볼 수 없다면, 자신의 꿈에 대해 다시 생각해 봐야 한다. 이 시점에서는 금전적인 측면에 지나치게 몰두해서는 안 된다. 물론 사업이 잘 돼서 돈을 많이 벌기를 바라는 건 당연하다. 나도 여러분들이 창업을 통해 부자가 되기를 바란다. 하지만 단순히 돈 때문에 사업을 하지는 말기를 바란다. 좋아하기 때문에 사업을 해야 하는 것이다.

일을 즐기고 좋아하다 보면 돈은 자연히 따라오게 마련이다. 사업의 보상은 물질적 보상이 될 수도 있고, 이 세상과 다른 사람들의 삶에 기여한다는 정신적 만족이 될 수도 있다.

사업을 하다 보면 어려운 일도 닥치기 때문에 더더욱 일이 즐거워야 한다. 모두가 "No!"라고 말할 때에도 "Yes."라는 답을 얻을 때까지 꿋꿋이 앞으로 전진할 수 있을 만큼 자신의 일을 사랑해야 한다. 자신 있게 말하지만, 나는 "No!"라는 대답을 듣는다는 게 어떤 것인지 누구보다도 잘 알고 있다.

메이저리그 라크로스를 출범시키기 위해 많은 사람들을 설득하고 다닐 때 나는 "No!"라는 답변을 수없이 들었다. 그것도 세계 여러 나라 말로…

"아직은 규모가 크지 않은 스포츠다."
"TV에 방영하기엔 적합하지 않은 운동이다."
"게임 규칙을 잘 모르는 사람들이 많다."

정말로 "No!"라는 대답을 귀에 못이 박힐 정도로 들었다. 그런데 더 놀라운 사실은 리그가 이미 다섯 번째 시즌을 맞이하고 있고 계속해서 커나가고 있는 오늘날에도 "No!"라는 답변을 듣고 있다는 사실이다. 나에게 "No!"라고 말했던 사람들의 말에 귀를 기울였다면 나는 아직까지도 볼드윈에 머물며 보디빌딩으로 그럭저럭 먹고 살 방안을 궁리하고 있었을 것이다.

아무데서도 전화가 오지 않으면 먼저 수화기를 들고 전화를 걸어 일을 추진할 만큼 자신의 일을 사랑해야 한다. 물론 자기 자신에게 전화를 거는 건 제외하고 말이다. 그러기 위해서는 자신이 원하는 것이 무엇인지 분명히 확인할 필요가 있다. 자, 다음과 같은 질문을 스스로에게 던져보자.

Check List

- 이 일이 정말 내가 하루도 빠짐없이 하길 원하는 일인가?
- 앞으로 5년, 10년 혹은 20년 동안 이 일을 계속할 수 있는가?
- 투자자나 파트너, 직원들에게 사업 아이디어를 납득시킬 수 있는가?
- 사업 아이디어에서 무한한 가능성이 보이는가?
- 이 일을 하고 있다는 사실에 자부심을 느낄 수 있는가?
- 자신의 적성에 맞는 일인가?
- 나에게 돈을 주는 사람이 없더라도 이 일을 하겠는가?
- 누구도 나를 못 말릴 정도로 이 일에 흥미를 느끼는가?

위의 질문 중 하나라도 'No'라는 답이 있다면 좀더 신중하게 행동할 필요가 있다. 나를 위해서가 아니라 자신과 자신의 미래를 위해서 말이다.

사업 아이디어를 실행에 옮기기 전에 유사한 비즈니스를 하고 있는 다른 사람 밑에서 일을 해보는 것도 나쁘지 않다. 적어도 6개월간 일을 하면서 그 일이 자신에게 맞는 일인지, 흥미를 느낄 수 있는 일인지 살펴보라. 그 기간이 끝나고 처음에 'No'였던 답이 'Yes'로 바뀌면 이제 자기사업을 시작해도 좋다.

세상과 나

일단 자신에게 맞는 사업을 찾으면 틀림없이 매우 신기하고 놀라운 일이 벌어질 것이다. 꿈을 쫓아 좋아하는 일을 열심히 하다 보면 멋진 일이 벌어진다. 전혀 생각지도 못한 기회들이 쏟아지기 시작한다. 정말로 신기할 정도로 놀라운 기회의 문이 활짝 열린다.

여기서 디팍 초프라(Deepak Chopra: 인도 출신의 하버드대 의학박사로 대체의학 분야의 선구자) 박사처럼 행세할 생각은 없다. 사실 나는 초프라와 오프라(Oprah Gail Winfrey: 오프라 윈프리 쇼로 유명한 미국의 여성 방송인)도 잘 구분하지 못한다. 하지만 내 경험에서 하는 말이다.

할리우드에서 나는 몇 명의 고객을 상대로 내가 좋아하는 운동을 직접 가르쳤을 뿐이었다. 그러던 어느 날 한 통의 전화를 받고 스티븐 스필버그를 지도하게 되었다.

1981년만 하여도 나는 스스로를 보디빌더로만 생각했지 사업을 하리라고는 상상조차 하지 못했다. 디팍과 닥터 필(Dr. Phil: 미국의 유명 심리학자이자 카운셀러로 Dr. Phil Show의 진행자)이 말한 것처럼 나는 내 인생에 대해 '제한된 비전'만을 갖고 있었다. 이런 점은 정말로 주의해야 한다. 의식적으로나 무의식적으로 자신의 가능성에 한계를 두면 결코 사업가로서 성공을 거두지 못한다.

건축가이자 도시계획가인 다니엘 번햄의 좌우명은 "하찮은 계획은 세우지 마라"이다. 그래야 한다. 다니엘은 이렇게 말한다.

> "하찮은 계획은 세우지 마라. 사람들에게 감동을 줄 수 없다. 원대한 계획을 세워라. 그러면 사람들은 큰 감동을 받는다."

하지만 이런 말만으로 꿈을 이룰 수 있을까? 그렇지 않다. 충고는 올바른 길로 들어서도록 도움은 줄 수 있지만 실천이 뒤따라야 한다. 이것이 바로 내가 연예계의 뛰어난 사업가들을 만나면서 알게 된 사실이다.

이런 사업가들은 연예계를 '라라 랜드(La-La Land: 현실성과 진지함이 부족한 LA 사람들을 비꼬는 말)'라고 비웃겠지만 베벌리힐스의 대저택들에는 게으른 몽상가나 생각이 좁은 사람들이 살고 있지 않다. 그리고 그곳에 살고 있는 대부분의 사람들은 다른 곳에서 태어난 사람들이다. 이들은 '능력에 한계란 없다'는 비범한 생각으로 끊임없이 꿈을 쫓았고 결국 그 꿈을 이룬 사람들이다.

> 베벌리힐스의 대저택들에는 게으른 몽상가나 생각이 좁은 사람들이
> 살고 있지 않다.

또 한 가지 중요한 사실이 있다. 그들은 절대 포기하지 않았다. 섬 하나를 통째로 살만한 돈을 가지고 있어도 열정을 쫓아 끊임없이 새로운 기회를 찾는다. 내가 할리우드에서 만난 유명인들 대부분이 자신이 좋아하는 일을 하기 위해 모험을 결코 멈추지 않는다.

내가 스필버그의 영화(개봉되지 못해 스필버그의 열렬한 팬들도 제목조차 들어보지 못한)에 주연으로 출연하게 된 것도 이런 이유 때문이었다. 아마 어떤 할리우드 투자자가 손해를 감수하면서까지 영화 상영을 강력하게 밀어붙이지 않는 한 이 영화를 보기는 힘들 것이다.

이 영화는 상어가 등장하지 않는다는 점을 빼면 서스펜스와 스릴 넘치는 '죠스'의 후속편이라 할 수 있다. 스필버그는 이 영화를 리차드 드레이퍼스와 몇 명의 다른 할리우드 거물들(이름이 밝혀지는 걸 원치 않는)과 함께 낚시여행을 가서 만들었다. 전세 보트를 타고 낚시를 즐기고 있었는데 갑자기 폭풍우와 거친 파도가 몰려 왔다. 스필버그는 그 와중에도 짓궂게 내 얼굴에 비디오 카메라를 들이대며 소리쳤다.

"좋아, 제이크. 뱃멀미가 나는 것처럼 리얼하게 토하는 장면을 연출해 봐!"

스필버그가 가자는 대로 배를 몰지 않은 게 천만다행이었다.

낚시여행이 끝나고 몇 주 후 스필버그는 파티를 열어 그 필름을 공개했다. 그 영화가 비평가의 호평을 받거나 흥행에 성공하진 못했지만, 기회만 있으면 카메라를 들이대는 스필버그가 자신의 일을 얼마나 좋아하는지 보여 주는 일화임에는 틀림없다.

스트리트 스마트 사업가는 일에 대한 열정에 모든 걸 바친다. 이건 경험에서 하는 말이다. 나는 FitTV 케이블 채널을 루퍼트 머독에게 매각한 돈만으로도 한평생 잘 먹고 잘 살 수 있었다. 투자 회사에 돈을 맡기고, 아내와 아이들을 위해 하와이의 해변에 멋진 집을 마련하고, 세계를 여행하면서 여유로운 생활을 할 수도 있었다. 하지만 나는 모험을 택했다. 어떤 사람들은 내가 제정신이 아니라고 말했다.

돌이켜보면 나는 내가 스트리트 스마트 성공을 추구하는 사람이란 걸 증명한 셈이다(모험과 스트리트 스마트 성공은 서로 뗄래야 뗄 수 없는 불가분의 관계이다). 갖고 있는 재산을 처분해 하와이에서 여유롭고 한가로운 생활을 하기보다는 대부분의 스트리트 스마트 사업가들처럼 나도 모험을 선택했다. 더 큰 기회를 찾아 나선 것이다.

내 친구들과 동료들은 내가 스파게티가 벽에 붙는지 알아보기 위해 스파게티 면을 집어 던지는 아이와 같다고 말한다. 틀린 말이 아니다. 나는 가능성이 보이는 비즈니스 아이디어를 끊임없이 쏟아내고 실행에 옮긴다. 그중 어떤 것은 실제로 벽에 붙어 엄청난 수익으로 돌아온다.

대박을 터뜨리던 쪽박을 차던 기회를 보면 달려들어야 직성이 풀린다. 어쩌면 이런 게 스트리트 스마트 성공을 거둔 사람들의 가장 큰 특징이 아닌가 한다. 나는 아무리 사업이 잘 되어도 결코 한 가지 사업에만 만족하지 못한다. 한 가지 기회는 또 다른 기회를 낳는다고 믿는다. 하나의 비즈니스 아이디어가 막다른 길에 부딪치면 전혀 다른 기회의 문이 열린다.

내가 FitTV를 매각한 직후 마이너리그 스포츠가 과거의 영광을 되찾을 기리는 소문이 무성했다. 할리우드의 돈 많은 부자들은 마이너리그 야구팀에 큰돈을 투자했고, 언론에서는 메이저리그의 비싼 입장료에 환멸을 느낀 스포츠팬들이 마이너리그 경기를 보기 위해 오클라호마 시티나 디모인에 있는 경기장으로 모여든다는 보도를 연일 쏟아냈다.

나는 그때 마이너리그 야구팀에 관한 몇 건의 사업 계획을 검토했지만 어떤 것도 나의 흥미를 끌지 못했다. 사실 나는 어릴 적에 리틀 야구선수로 활약한 경험이 있었다. 내 야구 경력의 하이라이트는 유태인 참전용사전우회에서 후원하는 팀을 상대로 투수로 나서 단 4안타만 내줬던 시합이다. 그리고 최고의 자리에서 곧바로 은퇴했다.

나는 한때 스포츠 벤처 사업에 뛰어들고 싶었지만 일단은 뒤로 미뤄두었다. 그 대신 좀더 유망한 다른 사업에 집중하기로 했다. 나는 중학교 때부터 헬스·휘트니스 잡지를 읽어왔다. 마사 스튜어트(Martha Stewart: 가사정보 제공 및 가사용품 판매업체인 마사 스튜어트 리빙 옴니미디어 전 회장 겸 최고경영자. 통칭 '살림의 여왕')가 잡지로 큰 성공을 거둔 후 나는 BBJ 잡지를 창간하면 브랜드 이미지 제고에 큰 도움이 될 거라고 생각했다. 그래서 당시 〈카 앤 드라이버Car&Driver〉, 〈엘르Elle〉 등 다양한 잡지를 출판하던 아쉐뜨 필리빠치 매거진의 CEO 데이빗 페커를 찾아갔다. 그리고 우리는 함께 BBJ 잡지를 창간하기로 결정했다. 이제 남은 일은 광고주들을 모으는 일이었다.

하나의 기회가 또 다른 기회를 낳는다고 한 내 말을 기억하는가? 이 사업이 바로 그런 경우였다. 항상 기회의 안테나를 세워놓고 있으면 정말로 생각지도 못한 방향에서 일이 풀리는 경우가 있다. 뿌리를 깊게 내려 사업을 건실하게 운영하면서도 가지를 길게 뻗어 새로운 기회를 찾아야 한다. 그래서 나는 뿌리가 되는 헬스·휘트니스 사업에 주력하면서도 항상 새로운 사업을 통해 가지를 뻗을 수 있는 기회를 찾고 있다. 보드카 병에서 BBJ 브랜드를 만나는 일은 없을 것이다. 하지만 언젠가는 스포츠음료에 붙은 BBJ 브랜드를 볼 수 있을 것이다.

헬스·휘트니스 매거진은 멋진 기회에 대한 나의 생각과 잘 들어맞았다. 그렇지만 잡지 출판이란 게 결코 쉬운 일은 아니다. 매년 수백 종에 달하는 잡지들이 창간되지만 그중 6개월 이상 시장에서 살아남는 잡지는 극소수에 불과하다. 사람들에겐 〈피플People〉지가 필요하겠지만 대부분의 잡지사업은 리스크가 매우 높다. 구독률을 높이는 것도 중요하지만 일단은 대형 광고주들을 확보해야 한다.

모험을 두려워하지 않는 대부분의 사업가들처럼 나 역시 사람들을 만나 내 사업을 홍보하는 일을 즐기는 타입이다. 더구나 데이빗 페커까지 나를 밀어 주겠다고 나서자 천군만마를 얻은 것 같았다.

그는 아쉐뜨 필리빠치에서 발행하는 잡지의 홍보 행사에 나를 초대했다. 그 행사에 참석하기 위해 아쉐뜨 필리빠치 전용기를 탔는데, 거기에는 〈조지George〉를 창간한 존 케네디 주니어와 〈스윙Swing〉이라는 라이프 스타일 잡지를 홍보 중이던 랄프 로렌의 아들 데이빗도 함께 타고 있었다. 그날 우리는 제너럴 모터스와 포드의 광고 담당자들을 만나기 위해 디트로이트로 향했다.

메이저리그의 기회

여행 중에 나는 패션과 멋진 몸매 만들기에 관심이 많은 존 케네디 주니어와 데이빗의 질문 공세에 시달려야 했다. 하지만 두 사람이 잠시 자리를 비운 사이 그들이 가져온 잡지의 샘플을 훑어볼 수 있었다. 그런데 데이빗이 발행하는 〈스윙〉에 실린 기사 하나가 나의 시선을 사로잡았다.

라크로스에 관한 기사였다. 고등학교 때 라크로스 선수로 활약하긴 했지만 그 이후론 라크로스에 대해 별다른 소식을 듣지 못했던 터라 그 기사가 내 관심을 끌었다. 프린스턴의 라크로스 플레이어 출신으로 '워리어 라크로스'라는 회사를 차린 데이브 머로우에 관한 기사였다.

디트로이트에서 성장한 그는 하키선수로 활약하다 선생님의 권유로 라크로스로 전향했다. 처음엔 노련한 경쟁자들에 치여 고전을 면치 못했지만 결코 좌절하지 않았으며 훗날 국가대표로 발탁되어 전국 타이틀을 거머쥐었다.

대부분의 라크로스 플레이어와 마찬가지로 데이브 역시 공격적인 플레이를 선호했다. 그 때문에 그의 스틱이 성할 날이 없었다. 디트로이트에서 엔지니어로 일하던 데이브의 아버지는 그에게 티타늄 스틱을 만들어 주었다. 기존의 스틱에 비해 가볍고 튼튼했기 때문에 곧 그의 동료들도 티타늄 스틱을 만들어 달라고 아우성을 쳤다. 데이브는 여기서 사업 아이디어를 착안해 1993년 워리어 라크로스라는 회사를 차렸다. 이 회사는 현재 미국에서 가장 앞서는 라크로스 장비 생산회사로 성장했다.

그에 관한 기사를 읽던 나는 데이브가 많은 가능성을 가진 사업에 뛰어 들었다는 생각을 했다. 나는 항상 라크로스가 격렬한 몸싸움과 많은 득점 등 미국의 스포츠팬이라면 누구나 좋아할 요소들을 두루 갖추고 있다고 생각했었다. 라크로스는 오랫동안 미국의 동부 지역에서만 인기가 높은 스포츠였다. 하지만 그 기사는 미국의 중서부 지역과 서부, 남부의 주들에서도 라크로스의 인기가 증가하고 있다고 말했다. 라크로스를 즐기는 고등학교와 대학교 학생들의 수가 늘어나고 있다는 것이었다.

오랫동안 프로 라크로스 리그를 출범하려는 시도도 몇 차례 있었다. 실내 라크로스 경기가 어느 정도 인기를 끌고 있었지만 실외 경기가 실외 경기만큼의 박진감과 재미를 주지 못한다는 게 대부분 사람들의 생각이었다.

그 기사에서 정말로 내 관심을 끈 건 데이브가 단순히 라크로스 스틱을 파는데 그친 게 아니라 ESPN(미국의 스포츠 전문 케이블 네트워크)과 익스트림 스포츠팬들이 열광할 수 있는 라이프 스타일로서 라크로스를 홍보하고 있다는 사실이었다. 나는 이 사업이야말로 내가 원하던 절호의 기회라고 생각했다.

식스 센스

스트리트 스마트 성공을 거둔 사람들에겐 기회를 포착하는 남다른 육감이 있다. 마치 초능력이라도 갖고 있는 것처럼 비즈니스 기회를 포착한다. 이런 능력을 선천적으로 타고나는 사람도 있지만 항상 비즈니스 기회에 촉각을 곤두세우고 끊임없는 노력을 통해 능력을 키우는 사람들이 더 많다. 이런 사람들에겐 기회가 널려 있다.

집 근처에 있는 쇼핑몰에 들러 잡화코너를 둘러 보라. 아니면 상공회의소 회원명부나 전화번호부의 상호편을 유심히 살펴 보

라. 이런 저런 사업 기회가 눈에 들어올 것이다. 주위를 조금만 살펴 보면 사업 기회는 그야말로 여기저기에 널려있다.

내 말을 믿지 못하겠으면 콜로라도 리틀턴에 위치한 Exit, Inc. 의 CEO인 내 친구 케이시 래플린을 보라. 그 친구의 회사는 회사 이름 그대로 '비상구exit' 표지를 만드는 회사이다. 사업은 의외로 잘 된다. 비상구 표지도 누군가는 만들어야 하지 않겠는가. 갖가지 제품과 서비스는 모두 다 스트리트 스마트 성공을 위한 비즈니스 기회다.

개인용 컴퓨터나 아이팟처럼 완전히 독창적인 아이디어로 새로운 산업을 창출하는 제품이 있는가 하면, 워리어 라이터, 미세스 필즈 쿠키, 티타늄 라크로스 스틱처럼 기존 제품에 새로운 기술이나 독창적인 마케팅 기법을 접목시켜 성공을 거두는 제품도 얼마든지 많다.

> 스트리트 스마트 성공을 위한 기회는 널려있다. 심지어 하찮아 보이는 일상용품에서도 기회를 찾을 수 있다.

흔치 않은 기회

제임스 머독은 물속에서 기회를 찾아낸 사업가다. 그는 평범한 수영장에 전혀 새로운 아이디어를 접목시켜 2,500만 달러 규모의 사업을 일궈냈다. 그는 운동을 목적으로 수영을 하는 사람들을 위해 물살이 뿜어져 나오는 가정용 랩풀(Lap pool: 너비 1.5m, 길이 6m 정도의 작은 풀)을 생산하는 '엔드리스 풀'이라는 회사를 세웠다. 그는 다른 사람들에겐 그저 물이 담긴 조그만 풀에 불과한 물건에서 기회를 찾은 것이다.

커피는 어떨까? 나는 진한 자바 커피를 즐겨 마신다. 그래서 나는 거의 매일 아침 스타벅스에 들러 우유 거품이 풍부한 '더블 톨 드라이 카푸치노(두 개의 에스프레소 샷이 들어간 12온스 카푸치노)'를 주문한다. 그리고 오후에 다시 들러 나만의 특별한 '그란데 카라멜 프러페두grande caramel frappedoo'를 마시는 날이 많다.

나는 또한 스타벅스와 같은 모험적 사업을 좋아한다. 스타벅스는 커피에서 기회를 발견한 스트리트 스마트 사업의 대표적인 모험 기업 중 하나이다. 나는 스타벅스의 커피뿐만 아니라 그 회사의 경영 철학이 너무도 마음에 들어 스타벅스 CEO인 하워드 슐츠와 최고마케팅책임자(CMO)인 앤 손더스를 직접 만나기 위해 시애틀로 찾아갔다. 우리는 금세 친해졌고 스타벅스는 메이저리그 라크로스(MLL)의 공식 후원사가 되었다.

스트리트 스마트 사업가가 되면 자신과 같은 사업가들(좋은 사업 기회와 마주치면 결코 놓치지 않는)에게 끌리기 마련이다. 그리고 하워드와 내가 MLL과 스타벅스의 스폰서 계약을 체결한 것처럼 서로 힘을 합쳐 더 많은 기회를 만들어 낸다.

내가 라크로스에서 기회를 발견해 프로 라크로스 리그를 출범시킨 것처럼 하워드는 커피에 대한 사랑을 스타벅스라는 글로벌 기업에 쏟아 부었다. 하워드는 1980년대 초 스웨덴 회사인 해마플라스트 뉴욕 지점에서 근무했다. 그는 그곳에서 '드립 커피 메이커' 영업 책임자로 일하고 있었다.

그러던 중 우연히 스타벅스라고 하는 소규모 원두커피 판매점이 다량의 커피 메이커를 구매하는 '이상한 현상'을 목격한 후 시애틀로 날아갔다. 그곳 원두커피점 주인의 커피에 대한 전문지식과 고객에 대한 배려에 하워드는 깊은 인상을 받았다. 하워드는 또한 시애틀의 한가롭고 여유로운 분위기가 너무 마음에 들어 스타벅스에서 마케팅 및 영업이사로 일하기로 결심한다.

하워드가 입사했을 당시 스타벅스는 커피 원두와 커피 메이커만을 판매하고 있었다. 직접 커피를 끓여 팔지는 않았다. 하지만 1982년 이탈리아로 출장을 간 하워드는 그곳에서 시애틀의 소규모 원두커피점을 글로벌 기업으로 바꿔놓을 획기적인 아이디어를 얻었다.

이탈리아에는 거의 모든 동네마다 커피 전문점이 있었고 전국적으로 20만 개나 됐다. 그곳에서 고객들은 에스프레소 커피를 마시며 담소를 즐기고 책을 읽었다. 커피 전문점이 이탈리아 사회의 일부였던 것이다.

하워드는 그 정취가 너무도 마음에 들었지만 스타벅스의 경영진은 레스토랑 사업에 진출할 마음이 전혀 없었다. 그렇지만 하워드는 자신의 기발한 아이디어를 포기하지 않았다. 하워드는

'일 조르날레'라는 커피 전문점을 창업했고 단 1년 만에 380만 달러를 주고 스타벅스까지 인수했다.

그때부터 하워드의 목표는 단순히 좋은 품질의 커피만을 파는 게 아니라 문화까지도 파는 기업을 일구는 것이었다. 현재 스타벅스는 전 세계적으로 3,300개 이상의 점포에 4만 명이 넘는 직원들이 일하는 거대 글로벌 기업으로 성장했다.

최근에 나는 시애틀에 있는 스타벅스 본사를 방문했는데 하워드는 내게 경영진을 소개해 주었다. 내가 나의 스타벅스 회원 카드를 보여 수자 그들은 모두 환호성을 올렸다. 함께 일한다면 뭔가 일이 잘 풀릴 것 같은 느낌이 들었다.

전직 밀크 셰이크 기계 세일즈맨에서 맥도날드의 창업자로 변신한 레이 크록의 성공 사례와도 닮은 점이 많은 하워드 슐츠의 성공은 기존의 비즈니스에서도 엄청난 사업 성공의 기회를 얻을 수 있음을 보여 준다. 많은 스트리트 스마트 사업가들은 기존의 점포나 사업체를 인수함으로써 첫 번째 기회를 발견하고, 혹은 서브웨이나 메일박스와 같은 프랜차이즈 사업에도 뛰어든다.

이때 어떤 종류의 기회가 자신에게 가장 유리한 지를 냉정하게 판단해야 한다. 각기 일장일단이 있고 리스크 수준도 다르기 때문이다.

기존 사업체를 인수할 경우에는 고객 시장이 이미 안정적으로 확립되어 있을 가능성이 높다. 하지만 성장 가능성은 그만큼 제한된다. 반면 프랜차이즈 사업은 초기에 좋은 기회를 잡아 상당한 부를 축적한 사람들도 많겠지만 프랜차이즈 기업의 횡포(지나친 간섭과 재정적 요구)에 환멸을 느낀 사람들도 많이 있음을 명심해야 한다.

어느 사업이건 사업을 시작할 때는 초기 비용이 들게 마련이다. 기존의 프랜차이즈나 사업체를 인수하는 경우에는 대개 상당한 초기 비용이 필요하다. 반면 단독 사업체를 창업하는 경우에는 비용을 조절할 수 있고 자신의 형편에 맞게 성장 속도를 조정할 수 있는 장점이 있다. 또한 자신이 최고책임자로서 모든 결정을 내리기 때문에 열심히 일한 만큼 성과가 돌아온다는 장점도 있다.

좋아하는 일을 사업으로 승화시켜라

우리 모두는 먹고사는 생계 문제를 해결해야 하는 생활인이다. 이왕에 생계를 꾸려나가야 한다면 자신이 정말로 흥미를 느끼고 좋아하는 일을 하면서 생활할 수 있는 방법을 찾아 보라. 단지 돈을 버는 일에 국한된 문제가 아니다.

이왕에 우리의 삶이 사업이나 직장을 중심으로 돌아간다면, 매일 해도 지루하지 않을 일을 갖는 게 낫지 않을까? 사업은 결혼생활과도 비슷하다. 별다른 매력을 느끼지 못하는 사람과는 오랫동안 함께 살고 싶지 않은 것처럼...

> 사업의 장기적 성패는 일단 사업이 본궤도에 오른 후에 나타나는 기
> 회를 어떻게 이용하느냐에 따라 크게 좌우된다.

　가장 성공적인 사람들은 사업을 시작할 때 자신의 흥미와 적
성에 맞는 기회를 찾는다. 하지만 기회는 거기서 끝나지 않는다.
사업의 장기적 성패는 일단 사업이 본궤도에 오른 후에 발생하는
기회를 어떻게 이용하느냐에 따라 크게 좌우된다. 그렇다면 그
새로운 기회를 포착할 수 있는 방법은 무엇인가.

　1. 문제의 해결책을 찾아라　'위기가 곧 기회'라는 말처럼 문
제가 발생했을 때 스트리트 스마트 사업가는 단순히 문제에 대응
하기보다는 기회에 주목한다. 나의 BBJ는 휘트니스 제품을 고객
에게 제공하기에 앞서 철저한 테스트를 실시한다. 테스트와 평가
를 거치면서 우리는 제품의 개선점을 찾고, 경우에 따라서는 새
로운 제품을 개발할 수 있는 방안에 대해 연구한다.

　BBJ라는 브랜드로 제품을 판매하길 원하는 휘트니스 기구 개
발자와 제조업체들은 매일 우리에게 샘플과 아이디어를 보내온
다. 그중에는 정말로 기발한 것도 있고 정말로 황당무계한 아이
디어도 있다. 하지만 그들이 우리에게 보내 준 샘플과 아이디어
중에 어떤 것이 정말로 멋진 기회가 될지 아무도 모르기 때문에
우리는 모든 걸 유심히 검토한다. 우리가 받았던 가장 황당한 휘
트니스 기구 중에 '뱃살 집게'라는 게 있었다. 뱃살이나 다른 부위

의 군살을 집는 기구였다.

착상은 훌륭하지만 아무리 생각해도 자신이 뚱뚱하다는 사실을 확인하기 위해 사람들이 19.95달러나 되는 기구를 살 것 같지는 않았다. 하지만 그 아이디어의 황당무계함에 너무나 어이가 없었던 나는 개발자를 직접 만나 그의 생각을 들어보기로 했다. 그는 아이디어를 사업으로 실현하는데 필요한 열정과 추진력을 갖고 있었다. 하지만 뱃살 집게는 최소한 우리에게는 적당한 기회가 아니었다. 만약 그가 신형 스포츠카나 제대로 된 휘트니스 기구를 판매했다면 아마 나는 그것을 구매했을 것이다.

하지만 우리의 히트 상품 중에는 내 머릿속에서 뭔가를 번뜩이게 하는 제품을 유심히 살펴보다가 만들어진 게 많다. 나는 새로운 휘트니스 기구의 시제품을 열심히 살핀다. 나름대로 장점을 가지고 있지만 내 관심을 끌만한 제품이 없는 경우가 많다. 하지만 그런 제품들을 살펴보는 과정에서 새로운 아이디어가 떠오르곤 한다.

한 번은 상복부 근육을 강화하는 윗몸일으키기 운동기구와 하복부 근육을 강화하는 기구, 옆구리 근육을 강화하는 기구 세 가지를 살펴본 적이 있었다. 우리는 이미 두 가지 종류의 복근 운동기구를 시장에 내놓았지만 완벽한 복부를 만들기 위해 상복부와 하복부, 옆구리 근육을 동시에 강화하는 운동기구는 판매한 적이 없다는 생각이 내 머릿속을 스쳤다.

또한 이제까지의 제품들은 근육을 키우는데 필요한 몸의 저항을 만들어 내기 위해 탄력 밴드나 웨이트 스택, 번지 로프를 이용하는 것들뿐이었다는 생각이 들었다. 이런 요소들은 모두 기구의 비용과 부피를 불필요하게 증가시키는 요인이었다. 하지만 운동자가 자신의 체중을 이용해 동일한 저항을 만들어 내는 건 어떨까?

나는 즉시 우리 제품을 개발하는데 많은 도움을 주는 미니애폴리스의 발명가이자 엔지니어에게 연락해 내 아이디어를 알려주었다. 그리고 제품 개발을 부탁했다. 몇 달 후 우리는 회사 역사상 최고의 히트 상품인 '앱 시저Ab Scissor'의 기본 콘셉트를 얻었다. 이 기구로 우리는 1억 달러 이상의 수익을 거두었고 시장은 아직도 성장 중이다.

2. 고객의 의견에 귀를 기울여라 나는 항상 나에게 걸려오는 전화는 모두 받고 나에게 온 이메일은 빠짐없이 회신을 보내야 한다고 생각한다. 말만 그렇게 하는 게 아니라 정말로 그렇게 한다. 단지 우연히 찾아온 기회를 놓치지 않기 위해서가 아니라 다른 사람들에게도 기회를 주기 위해서다.

사업의 초기에 나는 다른 사람들에게 편지를 보내거나 전화를 할 때 응답을 받을 수 있기를 바랐다. 그러나 응답을 받지 못할 때가 많았다. 그럴 때마다 나는 언젠가 내가 성공을 하면 모든 연락에 응답을 해주겠다고 다짐했다. 그래서 BBJ는 고객들의 의견을 소중히 생각한다.

우리는 많은 광고를 했는데 이제는 우리의 고객이 직접 출연하는 단계에까지 이르렀다. 최근 하와이에서 촬영한 앱 시저 광고에는 10명의 고객이 출연했다.

홈페이지에 고객의 출연을 요청하는 공지를 띄웠는데 무려 6만 명의 고객이 응모를 했다. 그중 10명의 고객을 선발해 부부동반으로 하와이에서 광고를 촬영한 것이다. 이 고객들은 우리에게 제품 사용수기를 보내줬던 사람들이다. 이들은 TV에서 우리 광고를 보고 운동기구를 구입해 놀라운 결과를 본 사람들이었다. 이런 고객들을 직접 만나 우리 제품에 대한 생각을 듣는 건 멋진 일이다. 이들의 성원과 지지야말로 우리가 계속해서 최고의 제품을 발굴하고 개발할 수 있는 원동력이다.

3. 기술 발전을 이용하라 더 가볍게, 더 강하게, 더 빠르게, 더 잘 튀게. … 더 잘 튀게?

스트리트 스마트 사업가에게는 무엇보다도 신기술이 가장 많은 기회를 제공한다. 주위를 한 번 살펴보면 어떻게 무선 인터넷 네트워크나 GPS 같은 최신 기술이 우리의 생활방식을 뒤바꿔놓고 비즈니스의 기회로 이어졌는지 알 수 있다.

휘트니스 분야 역시 더 가볍고 더 강한 소재가 개발되면서 눈부신 발전을 거듭해 왔다. 하루가 다르게 발전하는 최신 기술 동향을 파악하기 위해서는 사업과 관련된 잡지를 읽고, 웹 사이트를 탐색하고, 전문가 단체에서 주최하는 행사나 산업 전시회, 포럼 등에 참석하는 부지런함이 필요하다. 학창시절 과학 공부를 잘 한 사람도 기술 발전이 비즈니스에 얼마나 큰 영향을 미치는 지는 잘 모르는 사람들이 많다.

더 잘 튀게? 합성고무 분자를 연구하다 기발한 제품을 발명한 노먼 스티글리라는 화학자가 있다. 그는 폴리부타디엔과 유황을 결합해 젝트론이라는 새로운 화합물을 만들어 냈다.

진정한 스트리트 스마트 사업가라면 이 물질에 멋진 비즈니스 기회가 숨어 있다는 걸 간파해야 한다. 슈퍼볼, 바로 그것이다! 노먼은 1960년대 웸-오(Wham-o, 홀라후프 등을 만든 장난감 회사)에 자신이 개발한 신물질을 판매했고 이것이 바로 슈퍼볼이 탄생한 계기가 되었다. 슈퍼볼은 2천만 개 이상이 판매되었고 노먼을 돈 방석 위에 올려놓았다.

4. 파트너와 신뢰를 쌓아라 우리 BBJ는 오랫동안 정직과 신뢰 를 바탕으로 제조업체, 유통회사, 텔레마케터와 거래를 해왔고, 그 덕에 이제는 손발이 잘 맞는 한 팀처럼 일하고 있다. 비록 같 은 회사에서 일하지는 않지만 성공에 있어서만큼은 진정한 파트 너로서 도움을 주고받고 있다.

모든 사업체가 파트너와 이런 좋은 관계를 유지하고 있지는 않다. 실제로 많은 사업주들은 필수 부품의 공급, 제품의 제조, 유통 또는 마케팅을 맡긴 거래업체와의 마찰 때문에 큰 어려움을 겪는다. 특히 경기가 어려운 시기엔 더욱 그렇다. 제조업자가 공 급업자와 유통업자에게 압력을 행사하는 일도 많다. 중소기업은 돈줄을 쥔 대기업의 횡포에 냉가슴을 앓을 수밖에 없다.

우리는 결코 이런 식으로 일하지 않는다. 누구에게 부당한 피해도 주고 싶지 않고, 부당한 피해를 무기력하게 당하고 싶지도 않다. 우리는 모든 비즈니스 파트너가 정직과 신뢰를 바탕으로 오랫동안 이어져야 한다고 믿는다.

우리가 홈쇼핑 네트워크(HSN)에서 제품을 판매한지 벌써 10년이 넘었다. 그동안 우리는 함께 성장을 해왔다. 우리는 예전에 비해 훨씬 세련되게 프로그램을 진행하게 되었고, HSN은 프로그램 제작 능력이 눈부시게 발전했다. 두 회사 모두에게 커다란 도움이 되는 멋진 파트너십을 유지하는 것이다.

나는 플로리다 탬파에 위치한 홈쇼핑 네트워크의 스튜디오를 매년 열 차례 정도 방문한다. 그곳에서 홈쇼핑 방송에 출연하는 것은 동시에 8천만 가구를 방문하는 것과 마찬가지이다. 그래서 나는 그곳에서 그들과 일하는 게 즐겁다. 우리는 지금까지 홈쇼핑 네트워크를 통해 수백만 달러의 매출을 올렸다. 우리뿐만 아니라 홈쇼핑 네트워크도 많은 수익을 올렸으며, 시청자들 역시 좋은 제품을 구입할 수 있었다.

이처럼 우리는 함께 사업을 하는 모두가 공정한 대접을 받아야 한다고 생각하고, 또 그렇게 노력한다. 어느 누구도 부당한 대접을 받지 않는다. 이런 자세는 서로에게 장기적인 경제적 성공을 불러온다. 우리가 성공해야 파트너도 성공할 수 있으며 그들이 잘 되어야 우리도 잘 될 수 있기 때문이다.

몇 년 전 모발관리 제품을 생산하는 뉴욕의 한 회사로부터 라이센스 계약을 제안받은 적이 있다. 그 당시 나는 맨해튼에서 휘트니스 센터를 운영하고 있었는데 이 회사는 우리가 전국적인 체인망을 갖추면 BBJ라는 브랜드를 단 샴푸를 전국의 휘트니스 체인에서 판매하길 원했다.

계약을 논의하기 전에 나는 먼저 그 샴푸의 샘플을 요구했다. 그리고 그 샘플들을 회사 직원과 몇몇 친구들, 가족들에게 돌렸다. 나도 다음날 아침 샤워를 하면서 그 샴푸를 직접 써봤다. 그런데 머리를 감고 20분쯤 지나자 머리가 가렵기 시작했다. 직원들과 친구들도 머리가 가려워 혼났다고 했다. 다음 이야기는 하지 않아도 독자 여러분이 더 잘 알 것이다.

5. 시장 변화를 읽어라 건강한 식습관에 대한 사람들의 관심이 높아지면서 맥도날드와 웬디스, 버거킹은 곧 커다란 타격을 받았다. 시장의 변화에 적절히 대처하지 못했기 때문이다. 하지만 서브웨이 패스트푸드 체인은 새로운 시장의 변화를 이용할 수 있는 기회를 발견했다. 마요네즈가 들어가지 않은 서브웨이 샌드위치만 먹고 60인치였던 허리 사이즈를 34인치로 줄인 재리드 포겔이라는 젊은이를 기업 홍보에 끌어들여 엄청난 매출 신장 효과를 본 것이다.

서브웨이의 매출은 3년 넘게 증가세를 기록하고 있다. 최근엔 앳킨스 다이어트(일명 황제 다이어트) 샌드위치를 개발해 시장 변화에 발빠르게 대응하고 있다.

변화의 파도가 칠 때 그 파도에 휩쓸려 익사할 수도 있고 그 파도를 타고 더 멀리 나갈 수도 있다. 그래서 나는 시장의 변화와 새로운 트렌드를 놓치지 않기 위해 연예지와 스포츠 잡지, 휘트니스, 헬스 업계지를 비롯해 각종 일간지를 빠짐없이 읽는다. 물론 아내와 친구들의 말에 귀를 기울이고, MTV와 '게임 쇼 네트워크'처럼 젊은이들이 즐겨보는 TV 프로에도 관심을 갖는다. 앞서 가기 위해서는 젊은이들의 생각을 알아야 하기 때문이다.

변화의 시기엔 항상 기회가 뒤따른다. 이러한 변화에 앞서 나가려면 늘 공부하고 준비하는 자세가 필요하다. 늘 남의 뒤만 쫓는 사람보다는 앞서 나가는 리더가 훨씬 낫기 때문이다. 지금까지 우리의 성공을 살펴보면 우리는 항상 새로운 휘트니스 제품을 통해 시장을 선도해 왔다. 복부 운동기구 시장이 침체에 빠졌던 2003년에는 앱 시저를 출시했으며, 최근에는 다양한 기능과 디자인을 갖춘 복부 운동기구를 출시하고 있다. 그러나 이런 제품을 시장에 내놓기까지는 수십 개의 시제품이 테스트 과정에서 탈락한다.

토탈 보디 트레이너로 큰 성공을 거둔 후 우리는 새로운 시장을 개척할 수 있는 신제품 개발에 주력했다. 그러나 1998년 이후 복부 운동기구 시장에 별다른 제품을 내놓지 않았다는 사실을 깨닫고 새로운 기회를 찾기 시작했다. 우리는 항상 새로운 아이디어를 찾고 항상 새로운 제품을 준비한다. 우리는 이런 일을 너무 오랫동안 해와서 이제는 더 이상 의식조차 못하는 매우 일상적인 프로세스가 돼버렸다. 이런 프로세스는 트렌드와 시장 변화에 앞설 수 있도록 우리를 이끌어 준다.

기회를 성공으로 바꾸는 스트리트 스마트 비결

자신의 재능과 직성에 맞는 기회를 놓치지 않도록 준비하는 것이 스트리트 스마트 성공에 이르는 가장 빠른 지름길이다. 그렇다면 어떻게 해야 이 기회를 놓치지 않고 최대한 이용할 수 있을까?

1. 폭넓은 인적 네트워크 혼자서 외톨이처럼 지내는 스트리트 스마트 사업가는 단 한 번도 만나본 적이 없다. 스트리트 스마트 사업가는 항상 세상이 어떻게 돌아가는지 눈과 귀를 기울인다. 기회는 준비하는 자의 것이다. 성공을 이루기 위해서는 잠재적인 기회를 포착하고 그 기회를 이용할 수 있는 공식적, 비공식적 네트워크가 필요하다. 대부분의 스트리트 비즈니스 귀재들은 본능적으로 네트워크를 구축한다.

타고난 사교성은 성격의 일부일 뿐이다. 거래처와 자문역, 친구들, 파트너, 직원, 심지어는 경쟁자와도 매일 몇 시간씩 전화통화를 해야 한다. 기회는 이런 네트워크에서 발생한다. 나는 오랫동안 헬스·휘트니스 분야에서 사업을 키워오면서 나만의 네트워크를 구축했다.

출장을 가지 않을 때는 대개 정오쯤에나 LA에 있는 사무실에 출근한다. 그렇다고 늦잠을 자거나 오전 내내 집에서 빈둥거리지는 않는다. 새벽 5시에 운동을 하고 업무와 관련된 서류들을 검토한다. 대개는 아내 트레이시와 아이들과 함께 아침식사를 한 뒤 〈할리우드 리포터Hollywood Reporter〉, 〈스포츠 비즈니스 저널 Sports Business Journal〉 등 사업과 관련된 신문을 읽는다. 그런 다음 세상 돌아가는 사정을 알기 위해 몇몇 주요 일간지를 훑어보면서 새로운 기회가 될 만한 일들을 살핀다.

그리고 마지막으로 전화 다이얼을 돌린다. 거래처와 자문역, 스트리트 스마트 친구들과 전화 통화를 하는 것만으로도 얼마나 많은 기회를 찾을 수 있는지 안다면 아마 놀랄 것이다.

기회는 전기와 같다. 전기를 얻으려면 콘센트에 플러그를 꽂아야 한다. 정보는 기회의 전류와 같다. 정보가 흐르면 기회도 흐른다. 시장의 요구와 기회를 파악하기 위해서는 다양한 정보의 출처에 플러그를 꽂고 있어야 한다.

> 기회는 전기와 같다. 전기를 얻으려면 콘센트에 플러그를 꽂아야 한다.

정보 전류는 양방향으로 흐른다. 기회를 찾을 때는 정보를 수

집해야 할 뿐만 아니라 내가 가진 정보를 밖에 내놓아야 한다. 시애틀을 연고지로 하는 메이저리그 라크로스팀을 창단하는 문제에 관해 시애틀 시호크스(서부지구에 소속된 프로 미식축구팀) 관계자들과 처음 만난 자리에서 나는 구단 CEO 토드 레이위키를 알게 되었다.

며칠 후 어느 날 저녁 시애틀에서 함께 식사를 하면서 나는 그에게 시애틀에 본사를 두고 있는 스타벅스의 CEO 하워드 슐츠를 만났던 일을 이야기했다. 토드는 하워드를 만나본 적이 없다고 했다. 그런데 놀랍게도 몇 분 후 하워드가 우리가 있던 레스토랑에 들어오는 게 아닌가. 나는 두 사람을 소개시켜 주고 이렇게 농담을 했다.

"어째서 두 사람이 함께 사업을 하지 않는 거요?"

2. 일도 놀이처럼 성공한 스트리트 스마트 사업가는 "일만 하고 놀지 않으면 바보가 된다."는 속담을 믿지 않는다. 우리는 이런 문제에 대해 나름대로의 가치관을 갖고 있다. "일과 놀이가 다르면 차라리 일하지 마라!"

나에게 있어 일과 놀이는 같다. 내가 쉴 줄을 몰라서 그러는 게 아니다. 최고의 휴가를 보낼 수 있다. 하지만 내 일은 곧 나의 놀이이고, 대부분의 스트리트 스마트 사업가들도 같은 생각이다. 다른 사람들이 보면 우리가 열심히 일하는 것처럼 보이겠지만 우리는 사실 열심히 놀고 있다. 우리가 하는 일을 사랑하고, 우리가 사랑하는 일을 하고 있기 때문이다.

이러한 자세와 생활방식에는 커다란 보상이 뒤따른다. BBJ와 메이저리그 라크로스에서 나와 함께 일하는 사람들은 나의 넘치는 에너지와 일에 대한 열정에 놀라곤 한다. 나는 필요하다면 기어서라도 사무실에 나갈 정도로 나의 일을 사랑한다.

스트리트 스마트 성공을 단순히 비즈니스나 커리어를 키워 나가는 방편으로 받아들여선 안 된다. 인생을 가꾸는 일로 생각해야 한다. 일에 대한 열정과 기회에 대한 열망을 가지고 살아가야 한다. 그동안 내가 사업가로 활동하며 얻은 가장 큰 보람 중 하나는 아침에 일어나 '오늘은 정말 일하기 싫다'고 느낀 적이 단 한 번도 없었다는 것이다. 거의 매일 새로운 기회가 생기고, 고객에게 도움이 되는 제품을 판매하고, 팬들이 즐길 수 있는 스포츠를 홍보하기 때문에 나는 많은 보람을 느낀다.

> 성공한 스트리트 스마트 사업가들에겐 일이 곧 놀이 그 자체이다.

성공을 거둔 대부분의 스트리트 스마트 사업가들은 사람들에게 가치를 제공할 때 수익을 얻을 수 있다고 말한다. 내가 하는 일이 바로 그것이다. 홈쇼핑 네트워크에서 생방송으로 진행하는 광고 방송의 재미 중 하나는 우리 제품을 구입한 고객들에게서 감사 전화를 받는 일이다. 방송을 하기 전에는 그 상품이 얼마나 팔릴지, 구입한 고객 중에 몇 명이나 감사 전화를 할지 전혀 예측하지 못한다. 그러나 언제나 전화가 온다. 모두들 고맙다는 전화이다.

한 번은 어떤 여성이 방송 도중 전화를 걸어왔다. 그 여성은 자신의 몸무게가 앱 시저의 최대 권장 체중보다 더 나간다고 털어놓았다. 제품을 사용하기 전에는 자신의 체중 때문에 심한 스트레스에 시달렸다고 한다. 하지만 나의 방송을 보고는 '인생을 한 번 바꿔 봐야겠다'고 결신했단디. 우리가 일을 하면서 보람을 느낄 때가 바로 이런 때다.

이것이 바로 성공한 스트리트 스마트 사업가들이 보여 주는 활기찬 에너지의 비결이다. 우리가 자신의 삶을 개선하는데 도움을 줬다고 느낀 고객들이 전화를 걸어올 때, 사람들이 공항에서 나를 알아보고 우리 제품에 크게 만족한다고 얘기할 때 나는 절로 힘이 솟는다. 또 온 가족이 메이저리그 라크로스 경기를 보며 환호성을 지르고 선수들의 멋진 플레이에 박수를 보내며 즐거워할 때 나는 내가 이 사회에 긍정적인 기여를 했다는 생각에 가슴 뿌듯함을 느낀다.

다시 한 번 강조하지만 자신이 흥미를 가질 수 있는 일을 찾아라. 아침에 눈을 뜨면 당장 자리를 털고 일어나 일터로 나가고 싶게 만드는 그런 일을 찾아라. 하지만 장담컨대 아무리 자기가 좋아하는 일을 하더라도 틀림없이 힘든 시기가 닥칠 것이다. 실망을 하기도 하고 실패와 좌절을 맛보기도 할 것이다. 하지만 사업가로서 맞는 가장 어두운 날은 다른 사람을 위해 일하는 가장 밝은 날보다 더 밝을 것이다.

3. 실행 모드 디트로이트로 출장을 가는 비행기 안에서 나는 데이브 머로우에 관한 기사를 읽고 메이저리그 라크로스를 창단해야겠다는 결심을 굳혔다. 그 자리에서 공식적이고 구체적인 단계별 전략을 세우진 못했지만 처음 해야 할 몇 가지 일들은 바로 떠올릴 수 있었다. 일단은 머로우를 직접 만나기로 했다.

나는 아이디어가 단지 꿈으로만 사라지도록 내버려 두지 않는다. 꿈을 꿨으면 그것을 실행에 옮겨야 한다고 믿는 사람이다. 기회가 나의 흥미에 불을 붙이면 나는 더 큰 기대를 갖는다. 기회는 내가 죽고 나서도 세상 사람들이 오랫동안 나를 기억할 수 있는 발자취를 남기게 한다. 내 흥미에 맞는 기회를 발견하면 누구도 나를 말릴 수 없다. 내 계획에 코웃음을 치거나 내가 미쳤다고 말하거나 차라리 다른 곳에 돈을 쓰라고 말하는 사람들도 있지만 나는 그들의 의견이나 충고에 개의치 않는다.

그 대신 해결책에 집중한다. 바로 이런 자세가 스트리트 스마트 사업가의 전형적인 모습이다. 스트리트 스마트 사업가는 무엇이든 '하면 된다'라는 자세를 갖고 있는 사람들이다.

'씨비Seabee'가 무언지 아는가? 씨비는 미 해군건설대원을 말한다. 이들은 해병대 못지 않은 용맹함과 오지의 생존자 못지 않은 불굴의 의지를 자랑으로 한다. 씨비는 제2차 세계대전 초에 새로운 병과로 창설되었다. 그들의 임무는 태평양 섬의 정글에서 길을 내고 교량을 건설하고 심지어는 산꼭대기에 활주로를 만드는 일이다. 쉽게 말해 건설과 전투 임무를 동시에 수행하는 부대다.

원래는 민간인을 고용해 이런 건설공사를 진행했지만 이들은 쉽게 적군의 표적이 되었다. 그래서 군은 각종 공사장(건설, 고속도로, 교량, 제철소 등)의 인부와 엔지니어를 모아 해병대 신병훈련소에서 군사훈련을 시켰다. 건설대대Construction Battalion의 약자인 CB를 발음나는 대로 표기해 'Seabee'라고 불리게 된 것이다. 이들은 유사시 적과 교전을 벌이면서 도저히 불가능한 상황에서 임무를 수행한다. 이들의 활약상은 존 웨인이 주연한 'The Fighting Seabees'라는 영화에 잘 나타난다.

이라크의 사담 후세인 정권을 무너뜨리는 데도 결정적인 기여를 했던 씨비는 그들의 정신을 잘 나타내는 비공식적인 모토를 갖고 있다. 그것은 바로 "할 수 있다"라는 구호이다. 다른 사람들은 불가능하다고 생각하는 임무를 부여받으면 그들은 자랑스럽게 "할 수 있습니다!"라고 답한다. 그리곤 수단과 방법을 가리지 않고 임무를 수행한다. 스트리트 스마트 사업가도 씨비와 같은 '할 수 있다'라는 정신을 가지고 있어야 한다.

> 스트리트 스마트 사업가는 똑같은 물잔을 보고도 '반이 비었다'라고 말하지 않고 '반이나 남았다'고 말하는 사람들이다.

나는 머로우의 연락처를 알아내 전화를 걸었다. 하지만 처음에 그는 내 전화를 받지 않았다. BBJ에서 전화 올 일이 없기에 짓궂은 친구 중 한 명이 장난을 치는 것이라고 생각했다는 것이었다. 마침내 그와 연락이 닿았고 우리는 금세 친구가 되었다. 그를 처음으로 만난 날 나는 그에게 두 가지 질문을 던졌다.

"프로 실외 라크로스 경기가 있습니까?"
"없습니다."
"실외 경기를 총괄하는 협회가 있습니까?"
"없습니다."
"그러면 이제 하나 만듭시다."

그렇다. 나는 벌써 실행 모드에 들어간 것이다. 아무것도 없는 상태에서 프로 스포츠 리그를 창단하는 일은 결코 쉽지 않다. 마치 장마철에 산꼭대기 정글에 활주로를 건설하는 씨비 대원의 임무처럼 어렵다. 하지만 스트리트 스마트 성공을 이루는 게 쉽다면 무슨 재미가 있겠는가?

사실 원래부터 독창적인 비즈니스 아이디어는 매우 드물다. 엔드리스 풀이나 미세스 필즈 쿠키, 아이팟 등이 시장에 나오기 전에도 틀림없이 가정용 랩풀이나 고급 쿠키, 인터넷에서 음악을 다운로드받는 휴대용 기기에 대한 아이디어를 가지고 있던 사람들이 있었을 것이다. 하지만 기회는 누군가(할 수 있다는 자세를 가진)가 그것을 가로채서 실행에 옮기기 전까지는 단지 아이디어나 꿈에 불과하다.

스트리트 스마트 성공은 기회를 발견하고 그 기회를 실행에 옮기는 사람들만이 거둘 수 있다. 우리 모두는 발자취를 남기고 싶어한다. 후대에 무언가를 남기길 원한다. 그래서 우리는 기회를 찾고 그 기회에 뛰어들어 꿈을 현실로 바꾸기 위해 최선을 다한다.

> 스트리트 스마트 성공은 기회를 발견하고 그 기회를 실행에 옮기는 사람들만이 거둘 수 있다.

머로우와 이야기를 나눈 뒤 나는 프로 라크로스 리그에 대한 내 아이디어를 실행에 옮겼다. 그때 내가 투자한 돈은 분당 5센트하는 장거리전화가 전부였다. 그러나 1998년 당시 머로우와 통화를 끝내고 수화기를 내려놓았을 때 프로 라크로스 리그에 대한 아이디어는 여전히 공중에 떠있는 꿈에 불과했다.

그로부터 6년이 지난 지금 메이저리그 라크로스는 볼티모어와 로체스터, 뉴저지, 보스턴, 롱아일랜드, 필라델피아에서 현실로 이루어졌다. 수백 명의 선수들과 팀 관계자들, 팬들, 스폰서들에게 현실로 다가온 것이다. 그리고 점점 더 많은 사람들이 메이저리그 라크로스에서 더 많은 기회를 발견하고 있다.

어떻게 이런 일이 가능하게 되었나? 무엇 때문에 이런 일이 가능했는가? 개척자 정신 때문인가 아니면 창의적인 발상 때문이었나? 혹은 불굴의 에너지 때문인가? 그것도 아니라면 급박함 때문이었는가? 아마도 이러한 모든 것들이 복합적으로 작용했기 때문일 것이다. 메이저리그 라크로스는 기회를 실행에 옮긴 결과로 탄생한 것이다.

데이브 머로우에 관한 기사가 준 아이디어는 내가 실행에 옮기기 전까지는 단지 긋지 않은 하나의 성냥개비에 불과했다. 하지만 일단 내가 실행에 옮기자 불꽃이 들불처럼 빠르게 번져 나갔다.

스트리트 스마트 성공은 기회를 먼저 실행에 옮기는 사람들의 것이다. 부정적인 장애물도 얼마든지 긍정적인 결과로 바꿀 수 있음을 명심하라. 당신에게

"넌 아무 일도 해내지 못할 거야."

"넌 꿈을 이룰 수 없어. 아무리 노력해도 나는 못 따라 올 걸."

이라고 말하는 사람이 있는가? 누구에게나 라이벌이나 경쟁자 혹은 성공을 시기하는 사람들이 있기 마련이다. 이런 부정적인 장애물을 긍정적인 결과로 승화시켜야 한다.

지금 당장 아래에 진정 자신이 원하는 일이 무엇인지, 그 동기의 원천은 무엇인지 적어 보라.

1.＿＿＿＿＿＿＿＿＿＿＿＿＿＿＿＿＿＿＿＿＿＿

2.＿＿＿＿＿＿＿＿＿＿＿＿＿＿＿＿＿＿＿＿＿＿

3.＿＿＿＿＿＿＿＿＿＿＿＿＿＿＿＿＿＿＿＿＿＿

4. _____

5. _____

　당신에게 동기를 부여하는 원천이 하나뿐이라 하여도 실망하지 마라. 하지만 돈이나 물질적인 부를 동기의 원천으로 삼지는 말기 바란다.

　멋진 벤츠가 멋진 성공의 보상이 될 수는 있어도 가치 있는 동기의 원천은 되지 못한다. 차고에 더 이상 들여놓을 자리가 없을 성도로 많은 벤츠를 갖게 되어도 물질적인 것이 채워줄 수 없는 뭔가가 여전히 부족하다고, 당신은 느낄 것이다.

chapter 3

사업계획 구상

어려서부터 성공한 사업가가 될 수 있는 자질을 보이는 사람은 그리 많지 않다. 나도 어려서는 그렇게 스트리스 스마트한 편이 아니었다. 내가 좋아하는 일을 열심히 하다가 자연스럽게 사업에 뛰어들게 된 것이다. 내가 운동으로 건강한 몸을 갖추고 성격마저 변하자 많은 사람들이 내게 트레이닝을 부탁해 왔고 그들을 도와 주면서 시작된 일이 어느덧 사업이 된 것이다.

개인 휘트니스 트레이닝은 전에는 없던 개념이었다. 이 트렌드는 나와 나의 고객들로부터 시작되었다. 그것은 우연히 갖게 된 직업이었다. 그래서 그 일이 많은 사람들의 인기를 얻기 시작했을 때에도 나에겐 무슨 특별한 사업계획이나 거창한 계획 따윈 없었다. 그저 남부 캘리포니아에서 보디빌더로 성공하기 위해 열심히 일할 뿐이었다. 그러던 어느 날 할리우드에서 가장 잘 나가는 사업체를 운영하게 된 것이다. 자신의 흥미에 맞는 기회가 왔을 때 놓치지 않고 적극적으로 덤벼들 때 마술처럼 벌어지는 일이다.

제이크라는 사람이 유명인들의 몸매를 멋지게 만들어 준다는 소문이 퍼지자 사람들이 구름처럼 몰려들기 시작했다. 〈피플〉지에서 인터뷰를 요청했고, 수많은 사람들이 내 성공담을 듣기 위해 몰려들었다. 각종 언론에 오르내리고 파파라치가 따라 붙고 심지어 내가 돈을 빌렸던 사람들까지도 내가 부자가 되었다고 생각하고 나에게 몰려들었다. 한편으론 귀찮기도 했지만 정말 멋진 일이었다.

> 멋진 비즈니스 콘셉트는 누구나 가질 수 있지만 치밀한 사업계획이 없으면 살아남기 어렵다.

당시엔 개인 휘트니스 트레이너라는 개념이 생소하기도 했고 할리우드의 지역적 특성에 너무도 완벽하게 들어맞아 일은 술술 풀렸다. 처음엔 나 혼자 시작한 일이었기에 별다른 문제가 없었지만 스트리트 스마트 사업이 나 혼자 하기에 벅찰 정도로 커지자 그에 걸맞은 사업계획이 필요했다.

사업계획은 한마디로 '로드맵'이라고도 할 수 있다. 지도를 가지고 돌아다니거나 다른 사람들에게 길을 묻는 일이 그다지 멋진 일은 아니라고 생각하는 사람도 있겠지만 그 과정은 아주 중요하다. 즉, 비즈니스에 대해 그럴듯한 목표와 콘셉트를 가지고 있어도 치밀한 사업계획 없이는 성공하기 어렵다.

잘 짜여진 사업계획은 사업을 시작하고 키우는데 길잡이 역할도 하지만 그보다 더 중요한 것은 은행가와 잠재적 투자자, 공급업자에게 사업에 대한 진정성을 알리는 역할도 한다. 다만 여기서 내가 "잘 짜여진 사업계획"이라고 말했다는 점에 유의하라. 은행가나 자본가라면 누구나 한 번쯤은 야심만만한 사업가가 마치 초등학교 3학년생이 미술대회에서 그린 그림 같은 사업계획을 내밀며 돈을 빌리러 찾아온 경험을 가지고 있다.

미국에서 가장 높은 수익을 내는 민간항공사인 사우스웨스트 항공이 냅킨에 적은 사업계획에서 출발했다는 유명한 일화도 있긴 하지만 그렇다고 사우스웨스트 항공의 최초 투자자들이 받아본 게 냅킨에 적힌 사업계획서는 아니다. 냅킨에 적은 사업계획을 가지고도 수백만 달러의 창업자금을 빌릴 수 있었던 것은 그만큼 사업 아이디어가 획기적이었기 때문이었을 것이다.

사업계획의 품질은 사업 아이디어의 품질을 알려 주는 동시에 당신이 사업을 성공시키는데 필요한 역량도 갖추고 있음을 보여 준다. 사업계획은 사업을 본궤도에 올리는 일뿐만 아니라 대부분의 신생기업이 버티지 못하고 추락하는 처음 6개월 동안 사업을 유지하기 위해 당신이 얼마나 진지하고 열정적이며 준비된 사업가인가를 보여 주는 것이다.

사업계획은 자신의 소망을 적는 리스트가 아니다. 진지한 연구와 생각이 담겨야 한다. 사업계획에는 회사가 문을 열고 최소한 처음 6개월을 버틸 수 있는 방안이 담겨 있어야 한다. 제대로 만들어진 사업계획은 비즈니스 콘셉트를 규정할 뿐만 아니라 투자자를 끌어 모으고 상품의 출시를 지원하는 동시에 경쟁사와 시장을 면밀히 평가해 리스크를 최소화한다.

사업계획을 수립하면서 혹은 사업가로서 절대로 하지 말아야 할 일은 거창한 약속만 남발하고 기대 이하의 성과를 거두는 것이나. 사업을 운영할 때는 약속은 되도록 적게 하고 기대 이상의 성과를 올려야 한다. 당신은 사업계획서를 근거로 투자자들에게 상당한 돈을 빌려달라고 요청할 것이다. 따라서 사업계획은 대충대충 적당히 넘길 일이 아니다. 전문적이고 잘 짜여진 사업계획을 어떻게 수립하느냐에 따라 창업자금을 모으고 은행에서 대출을 얻을 수 있느냐의 여부가 판가름난다. 대학 신입생 리포트 같은 어설픈 사업계획서를 만들 바에야 차라리 길거리에서 동냥을 하는 편이 낫다.

사업계획을 누구에게 보여 줄 것인가?

사업계획을 작성하기 전에 먼저 해야 할 일은 그 계획을 '누가 볼 것인가' 하는 점이다. 친한 친구들이라면 당신의 열정과 역량에 반해 혹은 -당신이 술값을 계산하기 때문에- 우정의 이름으로 당신의 사업 아이디어에 찬성할 지도 모르지만 은행가와 자본가들은 냉정하다. 그들은 당신의 사업계획에 조금이라도 허점이 보이면 즉시 퇴짜를 놓는다. 그들은 또 건물과 장비 등 당신 회사의 고정자산을 알고 싶어한다.

은행가와 대부분의 투자자들은 그들이 투자한 돈과 이자를 받기를 원한다. 그것에 대한 확신이 없으면 그들은 나서지 않는다. 물론 대출금을 갚지 못한다고 해서 은행이 사채업자처럼 협박이나 공갈로 당신을 괴롭히지는 않겠지만 당신은 당신의 이름과 신용을 잃게 될 것이다. 그러기에 사업계획은 냉정한 전문가에게 보여 주어야 한다.

우리의 BBJ가 많은 고객을 확보하고 다양한 라이센스 제품을 출시하는 사업체가 되자 우리는 제대로 된 사업계획을 수립했고 수년에 걸쳐 실천과 수정을 반복했다. 그래서 내가 메이저리그 라크로스(MLL) 창단이라는 기회를 발견했을 때 또 한 번 BBJ의 사업계획서를 꺼내 들었다. 하지만 곧 MLL은 별도의 계획이 필요하다는 걸 알게 되었다. 비즈니스 콘셉트가 달랐기 때문이다. 하지만 BBJ의 사업계획서가 MLL의 사업계획을 수립하는데 밑바탕이 된 것은 사실이다. 이처럼 훌륭한 사업계획은 여러 사업이 어떻게 서로 긴밀히 연결되어야 하고 언제 서로 독립되어야 하는지를 알려 준다.

메이저리그 라크로스가 젊은 고객층에게 BBJ 브랜드의 이미지를 제고하는데 도움이 될 거라는 것은 예상했지만 나는 MLL을 별도의 사업체로 설립했다. 리스크가 높은 새로운 사업이 잘 나가는 주력사업의 맥을 끊지 않도록 하기 위해서였다. 이는 두 가지 이상의 사업을 동시에 진행할 때 명심해야 할 점이다. 신생사업의 성장통이 잘 나가는 기존 사업의 재정에 치명적 영향을 줄 수 있기 때문이다. 특히 기존 사업과의 시너지 효과가 제한적이라면 더욱 그러하다.

효과적인 사업계획

한 가지 다행인 것은 올바른 사업계획을 수립하기 위해 하버드 MBA가 꼭 필요하지는 않다는 점이다. 사업계획의 기본 양식을 제공하는 웹 사이트가 많이 있으니 기본적으로 필요한 사항은 이런 곳에서 배울 수 있다. 그러나 스트리트 스마트 사업계획에 대해서는 알려 주는 곳이 거의 없다. 여기 나의 경험을 바탕으로 한 방법을 제시한다.

사업 개요
오랫동안 수많은 사업계획을 수립하고 프레젠테이션을 해본 경험에 의하건대 '개요'가 사업계획서에서 가장 중요하다. 왜 그럴까? 당신의 사업계획을 읽는 사람들 중 대부분이 개요 부분을 가장 먼저, 그리고 그 부분만 읽고 마는 사람이 많기 때문이다. 개요가 마음에 들면 나머지 부분도 계속 읽겠지만 그렇지 않으면 나머지 부분은 거들떠보지도 않는다. 바로 이런 이유 때문에 개요는 나머지 부분들이 어떻게 조화를 이루는지 살펴본 후에 가장 마지막으로 작성해야 한다.

개요에는 다음과 같은 내용이 들어간다.

Check List

- 비즈니스 콘셉트의 세부 사항과 그 콘셉트를 갖게 된 연유
- 시장 전망
- 경쟁사에 대한 심층적 관찰
- 고객에 대한 진지한 분석
- 제품의 고유한 특성에 대한 프리젠테이션
- 처음, 3년, 5년, 10년 단위로 창업과 운영에 필요한 자본과 수익률 전망

그리고 주의해야 할 점이 있다.

1. 수치를 조금이라도 부풀리지 마라 사업계획서를 작성할 때는 누구나 예상되는 매출과 수익을 가급적 크게 잡고 싶어한다.

또한 사업이 처음부터 크게 번창할 거라고 믿기 때문에 필요한 금액보다 훨씬 더 많은 돈을 투자자들에게 빌리고 싶을 것이다. 스트리트 스마트 사업가는 낙관적이고, '할 수 있다'는 자세를 가진 사람들이다. 하지만 문제는 은행을 비롯한 투자자들은 당신의 꿈을 믿고 투자하는 게 아니라 사업계획의 현실성을 믿고 투자한다는 점이다. 그러니 수치를 조금이라도 부풀려서는 안 된다. 현실적인 기준을 근거로 수치를 예상하고 조금이라도 거짓이 없어야 한다.

> 꿈을 납득시키려 하지 말아라. 사업계획의 현실성을 납득시켜라.

2. 화려한 포장이나 미사여구는 생략하라 사업을 하려면 세일즈 프레젠테이션을 수없이 해야 한다. 사업계획서는 물건을 팔기 위한 흥정을 하는 것이 아니다. 물론 사업계획서를 통해 자신의 열정과 성공 가능성을 설득하는 일도 중요하지만 사업계획서는 철저히 사실에 입각해야 한다. 따라서 불필요한 미사여구는 최소화해라.

3. 간결하게 작성하라 당신의 사업계획을 검토하는 사람들 중에는 시간당 몸값이 수천 달러에 달하는 사람도 있다. 소중한 시간을 쪼개가며 당신의 사업계획을 검토하는 것이다. 이들은 먼저

관심을 끄는 매력이 있는지 사업 개요를 빠르게 훑어본다. 따라서 사업 개요는 2쪽 내외의 분량으로 정확한 사실만을 담고 있어야 한다. 불필요한 미사여구나 어설픈 전문용어로 지면을 낭비하면 안 된다.

4. 중요한 사항을 빠짐없이 기재하라　최소한 6개월 정도의 넉넉한 시간을 두고 사업계획서를 작성해야 한다. 어떤 사업을 할 것인지, 무엇을 만들어 팔 것인지에 관해 필요한 사항은 낱낱이 고려되어야 한다. 그런 다음 사업 경력이 있는 지인과 충분한 논의를 거쳐라. 그들이 제기하는 물음에 귀를 기울여라. 그들이 알고 싶어하는 것들이 바로 은행과 투자자, 파트너, 공급업자, 고객이 알고 싶어하는 것이기 때문이다.

5. 특화된 장점을 부각시켜라　경쟁사와 차별화되는 제품이나 서비스를 부각시켜야 한다. 투자자들은 당신의 사업이 남다른 장점을 가지고 있으면 그만큼 승인할 가능성이 높다. 당신이 만드는 간이 수영장이 객실에 들어갈 수 있을 만큼 작다면 사업계획서에 명시해라. 휘발유 대신 아침이슬로 달릴 수 있는, 그것도 시속 170km의 속도를 낼 수 있는 자동차를 개발했다면 이것 역시 특별한 장점이 될 수 있다. 당신의 제품만이 특별한 장점을 지니고 있다면, 그래서 그 상품이 시장에서 빛을 낼 수 있다면 그 점

을 부각시켜야 한다.

> 당신의 비즈니스 콘셉트가 세상을 뒤바꿔 놓거나 시장에서 일대 지
> 각변동을 일으킬 수 있는 강력한 증거가 있다면 그 점을 밝혀라

하지만 충분한 설득력이 있어야 한다는 점을 잊어서는 안 된
다. 사업계획서를 투자자에게 보여 주기 전에 신뢰할 만한 자문
역이나 대학교수 혹은 성공한 사업가 친척에게 검토를 의뢰하는
게 좋다. 어처구니없는 실수를 하지 않기 위해서라도 말이다.

회사 소개

회사 소개는 당신 자신과 주요 임원들 그리고 당신의 회사에
대해서 소개하는 부분이다. 자기소개와 주요 임원의 간략한 이력
과 더불어 당신의 사업 아이디어가 어떻게 탄생했는 지를 말해주
는 비즈니스 콘셉트를 간략하게 기재한다.

제품과 서비스 분석

여기서는 당신의 제품과 서비스가 경쟁사와 차별화되는 점을
알린다. 쓸데없이 겉만 번지르르해서는 안 된다. 당신의 사업 아
이디어가 시장에서 성공을 거둘 수 있다고 생각하는 이유를 사실
에 입각해 설명한다. 당신이 선택한 상품과 그 선택을 하게 된 배

경, 관련 핵심 기술, 상품(또는 서비스)에 대한 상세한 설명, 향후 개발 가능한 제품도 함께 포함시킨다.

시장 분석

이제 본격적으로 사업의 생존 가능성을 따지는 부분이다. 새로 문을 여는 사업체 가운데 셋 중 둘은 5년 내에 문을 닫는다. 신생 사업체가 실패로 끝나는 이유는 창업에 앞서 심도 있는 시장 분석이 부족했기 때문이다. 세상 사람들이 구름처럼 몰려들거라고 생각해서는 안 된다. 물론 남아도는 돈이나 복권 당첨금으로 취미삼아 사업을 한다면 얘기는 달라진다. 하지만 사업에 모든 것을 건 경우라면 시장 분석을 철저히 할 필요가 있다.

전략과 계획

이제 실행 계획을 세울 차례다. 선택된 제품이 어떤 것인지, 플레이어가 누구인지, 어디서 '전투'를 벌일 것인지를 밝혔으니 이제는 전쟁 계획을 수립할 차례다. 전략적 계획에는 가격 전략, 마케팅, 유통 경로, 매출 전략, 홍보, 향후 3~5년 간의 전망 등을 다뤄야 한다. 이런 사항들을 상세히 밝혀 사업계획이 얼마나 철저하게 준비되었는 지를 보여 줘야 한다.

경영진 프로필

여기에서는 부서 책임자와 기타 핵심 인력, 특히 해당 분야에서 뛰어난 실적이나 수상 경력 등을 지닌 사람들을 소개한다. 어떤 투자자와 은행은 제품보다는 인력에 더 많은 관심을 가지고 있을 수 있다. 투자자들은 경영진에 대한 관심이 대단하다. 아무리 천재적인 사업 수완을 갖고 있다 하여도 뒷받침해 주는 뛰어난 경영진이 없으면 빛을 보지 못한다.

재무 분석

앞서 말한 것처럼 사업을 시작하는 동기가 순전히 경제적인 목적이어서는 안 된다. 하루이틀하고 말 일이 아니기 때문에 자신이 즐길 수 있고 자부심을 가질 수 있는 일이어야 한다. 솔직히 말해서 가장 수익성이 좋은 사업 가운데 하나가 쓰레기수거 사업이다. 하지만 이 사업에 뛰어들려는 사람은 그렇게 많지 않다. 하지만 이 사업에 종사하는 사람들 중에는 환경친화적인 방식으로 쓰레기를 처리하는데 자부심을 갖는 사람도 많다. 참으로 고마운 사람들이다. 이처럼 사업은 자신에게도 도움이 돼야겠지만 남에게도 도움을 줄 수 있어야 한다.

재무 분석에서도 역시 어설픈 잔머리는 통하지 않는다. 투자자와 은행은 마음만 먹으면 얼마든지 당신의 개인자산과 소득 기록, 신용 기록뿐만 아니라 당신이 연루된 민형사상 사건에 대한 기록까지도 알아낼 수 있다. 그러니 혹시라도 누굴 속일 생각일

랑은 애초부터 하지 말아야 한다. 모든 사실을 있는 그대로 밝혀야 한다.

> **당신의 미래 모습이 아니라 현재 모습을 보여줘라.**

사업 개요 작성

사업계획서를 모두 완성했으면 이제 처음으로 돌아가 사업 개요를 작성할 차례다. 사업 개요를 작성할 때 명심해야 할 핵심 사항은 다음과 같다.

1. 남에게 맡기지 마라 재무 분야 등 전문 지식이 필요한 부분에서 다른 사람의 도움을 받는 건 괜찮지만 사업계획은 당신이 직접 작성해야 한다. 당신의 사업을 속속들이 알아야 하는 사람은 바로 당신 자신이고 사업계획서는 사업을 시작하는 데 있어 가장 핵심이기 때문이다. 사업계획을 직접 작성하는데 별다른 흥미를 느끼지 못하면 당신에게 맞지 않는 사업이라는 뜻이다.

사업계획을 수립하는 과정에서 처음 가졌던 비즈니스 콘셉트에 대한 열의가 식을 지도 모른다. 그렇다고 그렇게 실망할 필요는 없다. 그 자리에서 포기하면 된다. 반대로 비즈니스 콘셉트에 대한 열의가 더욱 세게 불붙는다면 당신의 사업은 번창할 것이다.

사업계획을 세우는 동안 자신의 진정한 마음에 귀를 기울여라.

2. 확인하고 또 확인하라 확인하고 또 확인하는 일은 아무리 강조해도 지나치지 않다. 그리고 믿을 만한 사람에게 검토를 부탁하라. 사업계획서를 작성하는 동안 정보의 출처를 놓쳐선 안 된다. 나중에 확인이 필요한 사항이 생길지 모르기 때문이다. 숫자나 철자, 구두점까지도 틀린 곳이 없는지 확인해야 한다. 당신의 사업계획을 읽는 사람들 중에는 사소한 사항까지도 문제삼는 사람이 반드시 있다. 그들은 당신의 사업계획이 엉성하다고 생각되면 당신이 사업도 엉성하게 할 것이라고 판단한다.

3. 투자자를 만나기 전에 준비해야 할 것 투자자들을 만나기 전에는 손수건을 서너 개 준비하는 게 좋을 것이다. 은행과 자본가들은 당신이 진땀 빼는 모습을 보고 싶어한다. 그렇다고 그들이 나쁜 사람은 아니다. 사실 투자자들 때문에 진땀을 빼는 게 당신에게는 오히려 약이 된다. 그들은 당신이 당신의 사업에 대해 속속들이 알고 있는지, 돈을 빌려 주면 사업을 잘 꾸려나갈 수 있는지 알고 싶어 한다. 사업계획을 설명하는 프레젠테이션을 건성건성해서는 안 된다. 먼저 당신 스스로가 자신감을 가져야 투자자들을 설득할 수 있다.

4. 프레젠테이션의 청중을 분석하라 당신은 은행가, 자본가, 투자에 관심이 있는 친구, 이사회 임원, 취업 지원자, 사업 파트너, 유통업자 등 다양한 사람들에게 당신의 사업계획을 프레젠테이션해야 한다. 이들 모두가 당신의 비즈니스 콘셉트에 동의하면 좋겠지만 사람마다 입장이 다르기 때문에 프레젠테이션도 거기에 맞춰야 한다. 가능하면 각 그룹의 관심과 배경에 대해 사전에 충분한 검토를 거친다.

팀 로버트슨과 내가 패밀리 채널에서 방영하는 빅 브라더 제이크의 광고주를 섭외하기 위해 시리얼 회사인 제너럴 밀스에 갔을 때의 일이다. 나는 그 회사의 광고담당자들에게 온 가족이 시청하는 프로그램에 광고를 내는 게 얼마나 효과적인 지를 설명했다. 나는 심지어 프로그램에 등장하는 식탁에 그들이 생산하는 시리얼을 놓는 간접광고까지 내보내겠다고 제안했다. 내 제안에 그들의 눈이 번쩍였다. 이때까지만 해도 협상이 내게 유리한 쪽으로 흘렀다. 하지만 나는 결국 판을 엎어버리고 말았다.

나는 우리가 활기차고 건강한 라이프 스타일을 지향하는 가족용 프로그램만을 제작한다고 자랑스럽게 떠벌렸다. 제너럴 밀스가 그러는 것처럼 말이다. 제너럴 밀스가 몸에 좋은 시리얼인 휘티스를 생산하는 회사라고 생각했기 때문이었다. 그래서 나는 아이들이 설탕덩어리인 시리얼을 먹는 장면은 내보내지 않고 그 대신 몸에 좋은 휘티스 같은 제품만을 방송에 내보내겠다고 자랑스럽게 떠벌렸다.

아마 이때쯤이었을 거다. 팀이 테이블 아래에서 내 다리를 차기 시작했다. 무가당 시리얼에 대해 계속 얘기하라는 신호로 착각한 나는 더욱 신이 나 떠들어댔다. 제너럴 밀스는 몸에 좋은 시리얼을 생산하는 책임 있는 기업이라고 추켜세웠다. 나는 확실한 성공을 점쳤다. 그들이 그 자리에서 수백만 달러짜리 광고계약을 제안할 거라고 기대했다. 하지만 그들은 우리에게 매우 정중하게 감사해 하며 다음에 연락하겠다고 하는 게 아닌가. 나는 어리둥절했다. 건물 밖으로 나오자 팀이 화가 난 표정으로 내게 말했다.

"무가당 시리얼에 대해서 왜 그렇게 떠들어대나, 자네 때문에 오늘 완전히 망했네. 내가 그만 얘기하라고 발로 찬 걸세!"

"휘티스도 무가당 시리얼 아닌가?"

"그렇긴 하지. 하지만 제너럴 밀스는 코코아 퍼프스, 카운트 초큘라, 럭키 참스도 생산한다는 사실을 몰랐나? 그건 설탕이 들어간 시리얼이네. 회의실 벽에 붙어있던 포스터 못 봤나?"

"아니, 난 못 보았는데."

물론 제너럴 밀스의 광고는 따내지 못했다. 청중을 제대로 분석하지 못한 나의 어리석음 때문이었다.

5. 사업 기밀을 유지하라 이상적인 세상이라면 당신의 사업계획을 투자자들에게 알릴 때 당신보다 돈이 많은 청중 중에서 누군가가 당신의 사업 아이디어를 가로채 먼저 사업을 시작할 거라는 걱정따윈 하지 않아도 될 것이다. 하지만 불행히도 이상적인 세상은 존재하지 않는다. 발 없는 말이 천리를 가고, 좋은 걸 보

면 훔쳐서라도 갖고 싶은 게 사람 심리다. 때론 멋진 사업 아이디
어에 대해 무심코 친구와 이야기를 나누었는데, 어느새 그 아이
디어가 다른 사람의 귀에 들어가기도 한다. 그런 일은 언제라도
일어날 수 있기 때문에 나는 항상 주의를 기울인다.

6. 상황 변화에 맞춰 사업계획을 조정하라 사업을 시작해 본
궤도에 오른 후에도 사업계획에 대한 정기적인 점검과 수정이 필
요하다. 최소한 6개월에서 1년에 한 번씩은 사업계획을 점검해야
한다. 시장이 변화를 겪을 수 있고 경기가 좋아지거나 나빠질 수
있으며 신기술이 개발될 수도 있기 때문이다. 따라서 변화에 맞
춰 사업계획을 조정해야 한다. 일상적인 관행을 조금만 바꿔도
사업 전체에 영향을 미칠 수 있다.

사업계획을 정기적으로 검토해야 하는 또 다른 이유는 계획과
실제 성과를 비교할 수 있고, 그를 통해 장기적인 사업 전망을 상
세하게 점검할 수 있기 때문이다. 모든 기업은 유기적으로 움직
인다. 새로운 수익원을 개발하고, 수익에 도움이 되지 않는 제품
은 생산을 중단하고, 지점을 확대하거나 철수하고, 인력을 확충
하거나 감원을 실행한다. 이러한 결정은 사업계획을 조정함으로
써 새로운 변화에 능동적으로 대처할 때 가능하다.

사업계획서, 꼭 작성해야 하나?

　사업계획서를 작성하는 일은 야채를 먹는 것과 비슷하다. 좋아하진 않더라도 그렇게 하는 것이 당신과 당신의 사업에 도움이 되기 때문이다. 이왕에 해야 한다면 즐겨라. 사업계획서를 작성하는 그 자체가 사업을 시작하고 자금을 조달하고 사업을 키우는 과정에서 당신에게 커다란 도움을 준다. 일단 잘 짜여진 사업계획을 수립했으면 스트리트 스마트 성공으로 가는 지름길에 올라신 것이나 다름없다. 이제 사업가로서의 원대한 발걸음만 내딛으면 된다.

chapter 4

팀 구성하기

성공한 스트리트 스마트 사업가는 독립심이 강하고, 스스로에게 동기를 부여하고, 언제나 자신감이 넘치는 사람들이다. 하지만 사업에 관한 한 결코 독불장군은 없다. 모든 걸 혼자서 해결할 수는 없다. 사업을 본궤도에 올려놓고 계속해서 키워나가기 위해서는 기술과 전문지식을 가진 사람들의 도움이 필요하다.

인간이 사회적 동물인 이유는 바로 생존을 위해서다. 우리 인간은 서로 힘을 합쳐 장애를 극복하고 여러 가지 어려움에 대처하면서 생존해 왔다. 그 어려움이 점심거리를 사냥하는 티라노사우루스이건 당신의 고객을 빼앗아 가려는 경쟁사이건 간에 말이다.

팀워크를 발휘하라!

할리우드에서 내가 만난 많은 유명인들은 전재산이 자기의 몸 하나뿐인 사람들이다. 하지만 그들은 하나같이 신뢰할 수 있는 팀을 가지고 있다. 모든 배우들은 에이전트, 매니저, 변호사, 회계사, PR 담당자, 메이크업 전문가, 의상 코디네이터, 휘트니스 트레이너 등 자신의 커리어를 발전시킬 수 있는 팀에 의존한다.

당신이 제아무리 스트리트 스마트하더라도 혼자서 모든 일을 감당할 수는 없다. 사업의 생존과 성공을 위해서는 자신의 단점을 보완할 수 있는 장점과 시각을 가진 팀을 조직해야 한다. 그렇다면 어떻게, 어떤 팀을 만들어야 하는가? 어떻게 하면 신뢰할 수 있는 최고의 인재를 당신 편으로 끌어들일 수 있는가?

다음과 같은 사람들로 팀을 만든다면 당신은 벌써 반은 성공한 셈이다.

1. 비즈니스 파트너
2. 직원들
3. 신뢰할 수 있는 성공한 사람들
4. 정보를 공유하고 서로를 돕는 사업상의 동료
5. 언제라도 의지할 수 있는 사람, 즉 가장 신뢰할 수 있는 친구와 선배

동업에 대해

1983년 나는 CNN에서 '휘트니스 브레이크 바이 제이크Fitness Break by Jake'라는 프로그램을 시작했다. 4년 간 800회를 방영하고 나니 더 이상 빗자루와 타월, 의자를 가지고 할 수 있는 소재가 다 떨어졌다. 그래서 프로그램에 사용할 소품을 구하기 위해 운동기구 회사에 전화를 걸었다. 프로그램을 위한 예산이 없었기 때문에 휘트니스 기구를 협찬받아야 했다.

내 친구인 리차드와 주디가 베벌리힐스에 있는 멋진 집을 촬영장으로 빌려줬고, 나는 그들의 호의에 보답하기 위해 홈짐(Home gym: 가정 체육관)을 꾸며 주겠다고 약속했던 터라 휘트니스 기구를 영구 임대하길 바랐다.

나는 충분히 이 일을 해낼 수 있을 거라고 생각했다. CNN 프로그램 덕분에 내 브랜드 이미지가 많이 높아졌고, 장비 임대업체는 간접광고를 할 수 있기 때문이었다. 전화번호부를 뒤져 휘트니스 기구 회사에 전화를 걸기 시작했다. 그들에게 기구를 협찬해 주는 대신 무료로 간접광고를 할 수 있다는 점을 홍보했다. 여러 회사에 연락했지만 선뜻 나서는 곳이 없었다. 그러다 폴라리스라는 회사가 내 제안에 관심을 보였다. 대부분의 회사는 내 이야기를 다 듣지도 않고 전화를 끊었지만 폴라리스의 마케팅 부사장인 필 스코는 "좋소!"라며 내 제안을 받아들였다. 얼마 안 가 우리는 계약을 체결했고 리차드의 집으로 기구를 보내 줬다.

필과 나는 금세 친해졌다. 이후 우리는 많은 얘기를 나눴고,

나는 그에게 브랜드 파워를 키우려는 사업 포부에 대해 이야기했다. 그는 나의 포부를 현실화할 수 있는 방안에 대해 몇 가지 좋은 아이디어를 가지고 있었다. 나는 그즈음 휘트니스 광고에 출연하면서 '보디 바이 제이크(BBJ)'라는 브랜드를 만들어 냈는데 필과 나는 브랜드를 만들고 홍보하는 방법에 대해 열심히 토론했다.

우리는 지금도 내가 처음 출연했던 광고(필을 알기 전에)에 관해 이야기하며 웃곤 한다. '엑서사이즈 스틱exercise stick'이라는 제품이었는데 한마디로 말해 비가 없는 빗자루였다. 상품은 실패작이었다. 사람들은 그런 물건은 직접 만들어 쓸 수 있다는 걸 금방 안다. 비록 첫 광고는 실패했지만 나는 휘트니스 서적과 비디오를 내면서 성공할 수 있었다.

필은 휘트니스 사업을 잘 알고 있었고, 빠르게 성장하는 휘트니스 시장에서 개척할 수 있는 분야가 많이 있다고 생각했다. 그는 나의 비전을 믿고 적극적으로 밀어 주었다. 하지만 우리의 동반자 관계가 하루아침에 생긴 것은 아니었다. 일 년 이상 함께 일하며 여러 가지 가능성에 대해 얘기하고 서로를 알아가면서 생긴 것이다. 시간이 지남에 따라 우리는 서로를 신뢰했고 휘트니스 산업에서 서로 힘을 합쳐 BBJ라는 브랜드를 탄생시켰다. 12년 후 그는 폴라리스를 떠나 내가 BBJ를 라이센스 회사로 출범시키는 데 많은 도움을 주었다.

처음부터 우리는 서로 궁합이 잘 맞는 팀이었다. 그의 장점은 내 단점을 보완했다. 우리는 성격도 서로 많이 달랐고 하는 역할도 달랐지만 서로를 존경하고 좋아했으며 손발이 정말 잘 맞았다. 필은 꼼꼼한 성격이었다. 그는 상품 조사와 개발에 뛰어났고 사업의 모든 면을 꼼꼼하게 챙겼다. 내가 강한 추진력으로 밀어붙이는 스타일이라면 필은 돌다리도 두드려보는 스타일이다.

손발이 잘 맞는 파트너를 골라라

우리는 서로의 단점을 보완하는 멋진 팀을 이뤘고 성공을 이루었다. 물론 모든 일이 손쉽게 이루어지지는 않았다. 초기엔 내가 칼자루를 조금이라도 포기하는 일이 어려웠다. 하지만 필은 너무도 정직하고 솔직했기 때문에 내 마음을 움직였다. 나는 끊임없이 샘솟는 새로운 아이디어와 제안으로 사람들을 쉽게 제압하지만 필은 결코 만만한 상대가 아니었다. 그는 모든 일을 확실하고 철저하게 처리하길 원했다. 중요한 건 우리가 서로를 신뢰하고 서로의 생각을 숨김없이 털어놓는다는 점이다.

동업은 결혼과 마찬가지다. 일단 함께 사업을 하기로 했으면 기쁠 때나 슬플 때나, 좋을 때나 나쁠 때나, 건강할 때나 아플 때나, 쪽박을 차건 대박을 터트리건 함께 해야 한다. 따라서 파트너를 선택할 때는 신중해야 한다. 나는 필과의 관계를 소중하게 생각한다. 필과 함께 일하기 전에 동업에 실패한 경험이 있기 때문이다.

LA에서 성공을 거두자 롱아일랜드 출신인 나는 뉴욕에서도 성공을 거두고 싶은 마음이 들었다(뉴욕에서 성공을 하면 어디에서 건 성공할 수 있다는 말도 있다!). 뉴욕에서 사업 기회를 찾던 나는 맨해튼에서 휘트니스 체인을 성공적으로 운영하는 열정적이고 똑똑한 여성을 만났다. 사람들이 나에게 휘트니스 클럽을 열어보라고 권유하던 터라 이왕이면 뉴욕에서 열고 싶은 마음이 간절했다. 내가 그녀에게 뉴욕에서 BBJ 휘트니스 센터를 열고 싶다고 말하자 그녀는 바로 나의 사업에 동참했다. 간판에는 내 이름을 달았고 나는 재정업무를 담당했다. 하지만 그녀가 내 사업에 동등한 자격으로 참여하고 싶다고 요구해 우리는 함께 사업계획을 세우고 좋은 위치를 찾기 시작했다.

　그런데 자문 변호사인 로버트 리버먼이 LA에서 3천 마일이나 떨어진 곳에 휘트니스 센터를 여는 것에 반대하고 나섰다. 그는 또한 내가 좀더 사업 기반을 다진 후에 적극적인 사업 확장에 나서야 한다고 말했다. 하지만 낙관적인 나는 그 의견을 무시했다. 그러나 문제는 곧 나타났다. 우리가 빌린 공간이 처음 계획했던 것보다 4배나 더 커서 임대료도 처음보다 4배나 더 내야 했다.

　휘트니스 사업은 힘든 사업이다. 하지만 제대로만 하면 짭짤한 수익을 창출할 수 있다. 나는 뉴욕의 휘트니스 센터를 관리할 사람이 필요했다. 이 일은 동업자가 맡기로 했다. 다행히 그곳은 문을 열자마자 문전성시를 이뤘다. 하지만 나의 동업자는 자기가 운영 책임을 맡고 있기 때문에 간판에 자기 이름도 올라가기를 원했다. BBJ 브랜드의 일부가 되기를 바란 것이다. 하지만 나는 단연코 "No!"였다.

얼마 후 나는 로버트의 충고에 따라 뉴욕의 휘트니스 사업에서 손을 뗐다. 25년이 지난 지금 돌이켜 생각해 보면 로버트의 생각이 옳았던 것 같다. 동업자 여성은 내가 손을 뗀 뒤로도 사업을 계속했다. 나는 그 동업을 통해 그녀에게 사업가 정신을 불어넣어 줬다는 사실 외에 아무것도 얻은 게 없다.

동업을 하려거든 먼저 동업자의 경력과 배경뿐만 아니라 어떻게 한 팀으로 일할 것인지에 대해 충분한 이해가 필요하다. 전체 동업 가운데 2/3 이상이 실패로 끝난다. 그것도 어느 한쪽이나 양쪽 모두가 커다란 경제적 손실을 입은 채. 따라서 동업을 할 때는 결혼을 할 때처럼 신중해야 한다.

직원에 대해

보디 바이 제이크와 메이저리그 라크로스의 임직원은 모두 한 팀처럼 일한다. 그래서 우리는 새로운 직원을 뽑을 때 매우 신중하다. 미꾸라지 한 마리가 웅덩이를 온통 흐려놓을 수 있기 때문이다. 나는 어떻게 한 명의 '불행한' 직원이 회사 전체의 분위기를 망칠 수 있는 지를 직접 목격하기도 했다.

분위기를 망치는 사람은 이상하게도 능력이 매우 뛰어나다.

하지만 그의 성격이나 취향, 조직 운영 스타일은 기존의 기업 문화와 잘 맞지 않는다. 어쩌면 그의 스타일은 정상인데 기업이 비정상일 수도 있겠다. 우리 BBJ가 그럴 수도 있다. 우리는 격식을 차리지 않으면서도 강력하게 밀어붙인다. 또 약간 미쳐야 즐길 수 있는 엉터리 방식을 취한다. 이런 문화에 적응하지 못하면 직원은 스스로 물러난다. 어찌 되었던 회사와 맞지 않는 사람은 빨리 제거하거나 스스로 사퇴해야 개인에게도 회사에도 이롭다.

처음 사업을 시작하거나 소규모 사업을 운영하는 사람들에게 내가 해주고 싶은 조언은 고위직 관리사건 사무실을 청소하는 아줌마건 간에 사람을 뽑을 때는 언제나 한결 같은 관심과 주의를 기울여야 한다는 것이다.

사람을 잘 뽑으려면

좋은 사람을 뽑기 위해서는 일단은 해당 업무가 필요로 하는 인재상을 정확히 확립해야 한다. 물론 말로는 쉽다. 내 경험으로 봐도 그렇다. 특히 처음 시작하는 사업의 경우에는 적합한 사람을 뽑는 일이 더욱 어렵다. 메이저리그 라크로스 초창기 시절 우리는 마땅한 전무이사를 찾지 못해 어려움을 겪었다. 4번째 시즌이 되어서야 겨우 전무이사를 영입할 수 있었다. 문제는 우리가 면접을 했던 사람들이 유능하지 못해서가 아니었다. 내 잘못이었다. 놀랍게도 때론 사장이 문제의 원인일 수도 있다. 당신이 고용한 사람이 마음에 들지 않을 땐 그 원인이 애당초 그 직원에게 업무 내용을 정확히 설명해 주지 않았기 때문이다.

최고경영자로서 당신은 직원들에게 당신이 가지고 있는 기대를 분명히 전달해야 한다. 일이 계획대로 진행되지 않아도 그대로 보고받고 싶다는 점을 직원들에게 분명히 전달해야 한다. 사업 초창기에는 자신의 사업에 맞는 기술과 지식을 가진 사람들을 뽑는 방법을 배워야 한다. 그런 다음에는 기대에 미치지 못하는 사람들을 솎아내는 동시에 보상을 통해 유능한 사람들을 보유하는 방법을 찾아야 한다.

할리우드에서 시작한 개인 트레이닝 사업의 고객이 급격히 불어나면서 나 혼자서는 그 일을 감당하기 어렵게 되었다. 나는 처음엔 소수의 VIP 고객만을 유치하려고 했다. 그러면 얼마든지 나 혼자서 일을 처리할 수 있고 짭짤한 수익을 올릴 수 있었기 때문이었다. 하지만 할리우드에선 모두가 VIP 고객이다. 그들은 어떻게들 알았는지 내게 쉴새 없이 전화를 해댔다. 어떤 사람들은 내가 일부러 비싸게 굴려고 전화를 받지 않는다고 생각했다. 거절하기 힘들 정도의 엄청난 금액을 제시하는 대형 스타와 유력인사도 있었다. 하지만 나는 고객을 너무 많이 확보해 시간에 쫓겨 한 사람의 고객이라도 소홀히 대하고 싶지는 않았다.

그때 나는 사업가라면 누구나 한 번씩 직면하는 물음에 직면했다. "사업을 키울 것이냐 아니면 현재에 만족할 것이냐?" 지금

에야 그 고민이 고민도 아니라는 것을 깨달았지만 그때는 매우 심각한 문제였다.

사업은 키우는 게 낫다. 그러나 사업을 키우기로 결정했으면 그 다음 결정해야 하는 문제가 '인력'이다. 인력은 자본이나 기술보다 더 중요하다. 모든 사업에 있어서 인력은 핵심이다. 그때 여러분이 실패하지 않도록 내 짧은 실패담을 들려 주겠다. 나는 두 명의 남동생을 고용했다. 어쨌든 나와 외모도 비슷했고 말투도 비슷했기 때문이다. 조금만 훈련을 시키면 나처럼 휘트니스 트레이닝을 할 수 있을 거라고 생각했다. 그렇게 하면 공급 부족 문제도 해결하고 나와 고객, 동생들 모두에게 이득이 될 것 같았다.

당연히 이 계획은 처참한 실패로 돌아갔다. 동생들을 종업원으로 고용해 나와 같은 복제인간을 만들려 했던 나의 헛된 노력은 참담하게 끝났다. 나는 그때 사장이 될 준비가 되었다고 생각했지만 그렇지 못했다. 사람을 고용하는 일은 말처럼 쉽지 않다. 사장이 되는 일은 그래서 아주 어렵다. 적어도 제대로 사장 노릇을 하려면 말이다.

❚ 새로운 사람을 채용할 때는 기존 팀과의 조화를 생각하라.

나는 사람을 뽑는데 있어서 결코 유능한 사람은 아니다. 하지만 충분한 검토를 거치기 전까지는 결코 사람을 뽑아서는 안 된다는 것은 알고 있다. 휘트니스 트레이닝 사업에서 직원을 채용할 때 나는 사람을 상대할 줄 아는 동시에 건강한 몸매를 지닌 사람이 필요했다. 정직과 신중함도 중요한 고려 대상이었다. 유명 연예인의 집을 직접 방문해야 하는 일이었기 때문이다. 그렇다고 그냥 신문에 구인광고를 낼 수도 없었다. 그랬다면 이런 광고 제목을 붙였을 것이다. "몸짱 얼짱 모집! 손쉬운 돈벌이!"

일의 종류에 따라 고용해야 할 사람이 어떤 사람인지 충분히 생각해야 한다. 학벌이나 경력과 같은 단순한 이력이 문제가 아니다. 그 사람의 자세와 직업 윤리, 성격, 때로는 옷차림새도 고려해야 한다. 나는 여기에 덧붙여 '사업가적 자세'가 있는 지도 살핀다. 많은 사업가들이 나와 같은 생각일 것이다.

'코발트 보트Cobalt Boats'의 창업자이자 CEO인 팩 클레어는 사업가적 자세를 가진 직원을 중심으로 사업을 경영한다. 그 결과 그의 회사에서 생산하는 보트는 고객만족 등급에서 가장 높은 등급을 받는 제품이 되었다. 그런데 그 회사에서 선호하는 '사업가적 기질이 있는 직원'이 누구인지 아는가? 놀라지 마시라! 그들은 다름 아닌 농부들이다.

코발트 보트는 인구가 2,800여 명에 불과한 캔자스 네오데샤에 본사가 있다. 근처에 강이 있기는 하지만 가장 가까운 호수는 2시간이나 가야 한다. 그럼에도 불구하고 네오데샤에서 자란 클레어는 고향이 좋았기 때문에 사업지를 바꾸지 않았다. 그는 또한 그곳 사람들을 믿었고 그들은 그의 생각이 옳았음을 보여 줬다. 코발트 보트는 단순한 고기잡이 보트가 아니다. 대당 가격이 3만 달러에서 30만 달러 이상을 호가하는 최신형 보트다. 코발트 보트는 한 잡지와의 인터뷰에서 말한 것처럼 "투철한 직업윤리와 타고난 공동체 의식, 할 수 있다는 자세, 무엇보다도 주인의식을 지닌" 사람들이 만들고 있다. 클레어는 또 말한다.

"농부는 자기 사업의 주인인 사람들입니다. 이들은 모든 일을 제때에 제대로 처리해야 한다는 걸 알고 있습니다. 그렇지 않으면 나중에 큰 대가를 치러야만 한다는 것도 누구보다 잘 알고 있죠."

그렇다고 해서 여러분이 당장 본사를 시골로 옮기거나 농부들을 직원으로 채용해야 한다는 건 아니다. 하지만 클레어가 그랬던 것처럼 당신이 채용하려는 사람들의 성격에 대해서는 신중하게 생각해야 한다.

임시직이건 정규직이건 사람을 뽑아 팀을 구성할 때는 신중하고 조심스럽게 접근해야 한다. 자기 사업을 할 때 채용 결정의 주체는 바로 당신이다. 사람을 뽑기로 결정하는 이유는 대개 두 가지다. 첫째는 일이 너무 많아 혼자서 하기에 벅찬 경우이고, 둘째는 사업을 운영하는데 필요한 기술을 당신이 가지고 있지 못한 경우다. 스트리트 스마트 사업가들은 대부분 의지력이 강한(나쁘게 말하면, 고집이 세고 자존심이 강한) 사람들이라 모든 걸 혼자서 다 처리하려 한다. 이런 만용은 버려야 한다. 이런 만용에 빠지면 사업은 실패로 돌아간다.

처음 사람을 뽑을 때 고려해야 할 몇 가지 채용 요령은 다음과 같다.

스트리트 스마트식 채용 요령

- 당신의 사업에 필요한 사람이 어떤 사람인 지를 정확히 결정한다. 당신이 희망하는 인력이 아니라 기업 생존을 위해 필요한 인력을 선발해야 한다.

- 해당 업무의 정확한 직무와 책임, 권한, 임금과 복리후생, 업무량과 승진 가능성 등을 밝힌다. 여기에는 지원자에게 요구되는 경력 수준(신입, 중견, 고위, 전문직 등)도 포함된다.

- 인터넷 채용 사이트 광고는 필수이다.

- 부적격 지원자를 거르는 일을 다른 사람에게 부탁한다. 직무에 적합하지 않은 사람들에게서 수없이 많은 이메일이나 전화를 받을 것이다. 그게 정상이다. 하지만 정신건강을 위해서 다른 사람에게 부적격 지원자를 걸러달라고 부탁하는 것도 도움이 된다.

- 면접 인원을 제한하고 하루에 너무 많은 면접을 하지 않도록 한다.

- 일단 면접을 위해 사람을 불렀으면 그 사람에게 최대한의 관심을 보여야 한다. 질문은 업무에 관계된 것으로만 한정한다.

- 모든 지원자를 공평하게 대한다.

- 누군가를 그 자리에서 당장 채용하고 싶은 마음을 억눌러라. 하버드 출신의 석사가 당신 회사의 콘셉트가 마음에 들어 최소 임금만을 받고 일하겠다고 하더라도 꼭 참아야 한다. 전에 일했던 직장을 통해 근무 실석을 조사하는 것도 중요하다. 당연히 전 직장의 상사는 가급적이면 좋은 말을 하겠지만 행간의 의미를 파악하면 된다.

- 마지막으로 당신의 내면에서 들려오는 직감의 목소리에 귀를 기울여라. 나는 사람을 고용할 때 다른 어떤 것 이상으로 직감에 의존한다. 그래서 묻곤 한다. "이 사람이 정말로 내가 찾는 사람인가? 매일 사무실에서 얼굴을 대하며 함께 일할 만한 사람인가?" 조금이라도 미심쩍은 마음이 들면 나는 바로 포기한다.

조언자를 믿어라

나는 정말로 운 좋게도 오랫동안 많은 조언자들의 도움을 받아왔다. 내 경우에 이들 조언자들은 나의 비공식적 '내각'의 일원들이다. 하지만 자문팀 등을 조직해 사업을 돕는 좀더 공식적인 자문 그룹을 만들 필요가 있다.

나는 자문 변호사인 로버트 리버먼과 오랫동안 신뢰 관계를 구축해왔다. 그는 변함 없는 우정과 성실함으로 나를 도와 준다. 사업 초기 나는 나를 사업에서 끌어낼 뻔한 '관리자'를 채용하는 실수를 저질렀다. 그 사건 이후 나는 신뢰할 수 있는 변호사를 찾았는데 그때 만난 사람이 리버먼이다.

최근에 우리는 정규직 CFO(최고 재무책임자)를 채용했다. 우리가 제품 라이센스 회사에서 자체 상품을 개발하고 판매하는 회사로 변경하면서 취한 조치였다. 상품 개발은 우리에겐 사업에 대한 접근 방식 전체를 뒤바꿔 놓은 중대한 결정이었다. 그래서 우리는 유능한 재무 담당자를 영입해야 했다. 몇 년 전만 해도 우리는 케빈 갤러거 같은 거물을 영입할 처지가 아니었다. 케빈은 대기업에서 CEO 겸 CFO로 일했고 재무 석사학위를 취득한 인재이다. 그는 입사 이후 우리 회사가 헬스·휘트니스 산업에서 유력한 기업으로 성장하는데 큰 기여를 했다. 이런 성장 과정에서 케빈과 같은 능력 있는 사람을 내 사람으로 만드는 건 중요하다.

직원, 경영팀, 자문팀 이외에도 때론 허심탄회하게 얘기를 주고받거나 철저한 현실 인식이 필요할 때 찾아가 상담할 수 있는 똑똑하고 창의적인 친구들이 있어야 한다. 언제라도 믿고 의지할 수 있는 사람들 말이다. 운이 좋다면 이런 친구들이 여러 명 있을 것이다. 영화 '캐스트 어웨이'에서 주인공 톰 행크스가 의지할 수 있는 사람(?)은 그가 윌슨이라고 불렀던 배구공뿐이었다. 톰은 외롭고 쓸쓸한 무인도에서 윌슨과 많은 얘기를 주고받았다. 하지만 배구공이 위안과 격려, 조언, 후원의 원천이 될 수는 없다.

어렸을 적 내가 믿고 의지할 수 있는 사람은 할머니였다. 할머니는 나에게 세상의 여러 얼굴을 보여주기 위해 노력하셨다. 신기하게도 할머니는 아는 사람이 정말 많았다. 맨해튼 비치 호텔에서 관리직으로 일하신 할머니는 호텔을 찾은 많은 유명인들과 친분을 쌓았다.

할머니는 호텔에서 열리는 각종 행사에서 이른바 '여사감' 같은 역할을 하셨다. 닐 세다카와 닐 다이아몬드가 그 호텔에서 성인식을 했을 때에도 그곳에서 일하셨다. 호텔에서 무슨 특별한 일이 있을 때면 할머니는 늘 나를 데리고 가셨다. 할머니는 나에게 브루클린 말고도 세상이 얼마나 넓은 지를 보여 주신 것이다.

한 번은 초등학교 5학년 때 할머니와 함께 브로드웨이 록 뮤지컬 '헤어Hair'를 관람했다. 그 뮤지컬은 반전이라는 주제와 남녀 배우의 누드 장면으로 커다란 사회적 파장을 일으킨 문제작이었다. 나는 맨 앞줄에 앉았기에 배우들의 벌거벗은 모습을 적나라하게 볼 수 있었다. 당시엔 몰랐지만 훗날 나의 첫 고객인 여배우 샌디 윌을 지도하면서 알게 된 사실이 있다. 그때 샌디의 남자친구는 배우인 키스 캐러딘이었다. 나중에 두 사람은 부부가 되었다. 나는 샌디를 통해 캐러딘의 개인지도도 맡았는데 어느 날 그가 예전에 '헤어'에 출연한 적이 있다는 말을 했다. 그는 내가 할머니와 함께 보았던 뮤지컬의 배우였다.

"오, 제이크! 세상에 나의 벌거벗은 모습을 봤단 말이에요?"

그의 기분을 상하게 하고 싶진 않지만 사실 나는 그를 보지 못했다. 여자들을 쳐다보느라 정신이 없었기 때문에.

믿고 의지할 수 있는 사람을 만들어라

사업에 성공하려면 일에만 매달려야 한다고 생각하는 사람들이 많지만 사실 성공한 스트리트 스마트 사업가들은 사람 만나는 일에 정성을 기울인다. 바브라 스트라이샌드는 이렇게 말했다.

"사람들에겐 사람들이 필요하다."

사실이다. 혼자서 사업을 성공시키는 사람은 아무도 없다. 그러므로 외톨이가 되지 마라. 고민을 털어놓고 믿고 의지할 수 있는 사람들을 당신 곁에 두어라.

한 번은 두 회사가 동시에 보디 바이 제이크의 지분 인수에 관심을 보였다. 정말 뿌듯하고 가슴 설레는 일이었지만 나는 연말 연휴를 보내면서 그것이 내가 정말로 원하는 일인지 곰곰 생각했다. 일단 회사의 지분을 팔면 그걸 다시 사기 위해서는 대개 훨씬 더 많은 비용을 치러야 한다. 세이프가드 사이언티픽의 CEO인 친구 피트 뮈세에게 조언을 구했다. 그는 지분을 팔지 말라고 충고했다.

"팔긴 왜 파나? 오히려 다른 회사의 지분을 사들여야지."

내 사업을 확장하는데 도움이 될만한 회사를 인수하는데 관심을 가지라는 충고였다. 그는 또 덧붙였다.

"제이크, 자네 운명은 자네 손에 달렸다는 걸 명심하게."

오는 게 있으면 가는 게 있어야 한다

언젠가 나는 신세를 진 모든 사람들에게 은혜를 갚을 날을 손꼽아 기다린다. 오는 게 있으면 가는 게 있어야 한다. 다른 사람들의 도움을 기대한다면 당신이 먼저 그들을 위해 기꺼이 베풀어야 한다. 나 역시 친구들이 어려움을 겪을 때는 기꺼이 그들이 기댈 수 있는 사람이 되어 주었다. 이런 끈끈한 인간관계는 하루아침에 이루어지지 않는다. 오랜 시간 동안 서로 신뢰를 쌓아 나가야 한다. 오로지 자신만의 이익을 위해서 다른 사람과 친분을 쌓으려 한다면 결코 다른 사람의 신뢰를 얻지 못한다. 다른 사람이 당신을 돕길 바란다면 당신 먼저 그들에게 도움의 손길을 내밀어야 한다.

스트리트 스마트 성공의 문은 누구에게나 열려 있다. 그러나 그 문을 열기 위해서는 인맥이 필요하고 네트워크가 필요하고 조언자가 필요하다. 혼자서는 결코 그 문을 열 수 없다는 사실을 명심하기 바란다.

Chapter 5

사업자금

자신이 좋아하는 일을 바탕으로 사업을 시작하는 것만큼 흥분되는 일은 없다. 그러나 아주 불행히도 새 사업을 본궤도에 올려놓기 위해서는 당신이 정말로 싫어하는 일을 해야 한다. 바로 돈을 빌리는 일이다. 하지만 돈을 빌리는 일은 당신이 -싫어도- 해야 하는 여러 가지 일 중에 하나일 뿐이다. 그래서 더더욱 자신의 일에 열정을 가져야 한다.

돈을 빌리려고 여기저기 뛰어다니다 보면 긍정적인 답변보다는 부정적인 답변을 듣는 경우가 훨씬 많다. 그러나 결코 실망하지 말고, 좌절하지도 말아라. 방법은 있다.

사업자금을 빌리기 위해 내가 처음 찾아간 사람은 내 절친한 친구이자 고객 중 한 명인 스티븐 스필버그였다. 나는 단순히 내가 아는 가장 돈 많은 사람을 찾아가 그에게 돈을 요구한 것은 아니었다. 스필버그와 나는 절친한 친구 이상이었고 나는 그를 형제처럼 생각했다. 하지만 아무리 형제라 해도 손을 벌리는 일은 쉽지 않다. 거절당하면 어쩌나하는 두려운 마음도 들었다.

우리는 오랜 세월을 함께 보냈으며 전 세계 영화 촬영지를 함께 누볐다. 물론 해리슨 포드의 트레이닝을 위해서 내가 필요하기도 했지만, 나는 단지 친구로서 그와 함께 한 것이다(소문에 의하면 처음에 스필버그는 나에게 인디아나 존스 역할을 맡기려 했다고 한다. 그러나 고민 끝에 근육질 몸매가 아닌 해리슨 포드를 주연으로 쓰기로 했다).

스필버그에겐 스트리트 스마트 사업가의 기질이 있다. 보디바이 제이크 브랜드를 실제 사업으로 키워보라고 권유한 사람도 그였다. 나는 1990년 사업 파트너인 필 스코티와 함께 전국의 고급 호텔과 리조트에 휘트니스 센터를 개설하는 사업을 하기 위해 조사에 착수했다. 그 조사를 하면서 스필버그가 이런 좋은 기회에 참여하고 싶어할지 모른다는 생각이 들었다. 어느 토요일 아침, 해변에 있는 그의 별장에 찾아가 나의 계획을 설명했다. 하지만 그의 표정에서 나는 불편함을 읽었다.

"제이크, 자네는 이 사업으로 크게 성공할 것이네. 하지만 내가 자네를 좋아하지 않는다면 나는 당장에라도 투자를 하겠지만, 사업에 우리 우정을 걸고 싶지 않네."

나는 부끄러웠다. 그러나 절대 실망은 하지 않았다. 오히려 그런 말을 해 준 스필버그가 더 고마웠다.

"자네가 섭섭하게 생각해도 할 수 없지만, 난 정말 우리의 우정을 소중하게 지키고 싶네."

나는 그의 말을 있는 그대로 받아들였다. 또한 그 사업은 모두에게 가장 좋은 방향으로 마무리되었다. 나는 필요한 사업자금을 구할 수 있었고 스필버그는 여전히 **좋은** 친구로 남게 되었다. 하지만 지금까지도 내가 그에게 투자를 부탁했던 일이 두고두고 후회가 된다. 금전관계로 우정을 더럽히고 싶지 않았던 그의 마음을 내가 미처 생각하지 못한 것은 큰 잘못이다.

사업자금을 끌어 모으기 위해 친구나 가족에게 손을 벌리는 일은 이처럼 늘 어려운 결정이다. 친한 사람 중에 자금을 대 줄 능력이 있는 사람이 있다면 그들에게 도움을 요청하고 싶은 게 당연하다. 실제로 많은 창업자들이 그런 식으로 자금을 마련한다. 물론 거절도 당할 것이다. 그러나 그 과정을 통해 사업에는 여러 가지 어려움이 있고, 그 어려움을 자기 자신이 극복해야 한다는 사실을 배운다.

초보 창업자라면 사업자금을 마련하는 일이 가장 어려운 장애물이다. 그러나 유감스럽게도 "은행은 내가 돈을 빌릴 필요가 없을 만큼 많은 돈을 벌었을 때 돈을 빌려 준다"라는 마크 트웨인 Mark Twain의 말이 맞다. 일단 사업에 성공해 자금 확보에 어려움이 없어지면 은행을 비롯한 여러 투자자들이 너도나도 몰려들기 시작한다.

다음은 사업자금을 마련하는 '독창적인' 방법 다섯 가지다.

1. 거액 복권에 당첨된다.
2. 바다 속에서 거대한 보물을 발견한다.
3. 이베이eBay에서 자신의 장기를 경매에 붙인다.
4. 자진해서 계약 노예 신분이 된다.
5. 도널드 트럼프(Donald Trump: 미국의 부동산 왕)에게 자신이 그의 사생아라고 주장한다.

결코 나쁜 방법은 아니지만, 이제는 현실로 눈을 돌려 사업자금을 마련하기 위한 좀더 가능한 방법을 알아보자.

1. 자비
2. 친구의 돈
3. 가족의 돈
4. 은행 돈
5. 여러 사람(벤처 자본가)의 돈

자체 조달

대부분의 창업자들은 자신의 사비를 털어 사업을 시작한다. 주식이나 채권을 매각하거나 주택담보대출 등을 이용하기도 하고 심지어는 신용카드 돌려막기라는 극단적인 수단까지 동원한다. 내 경우엔 집을 담보로 잡혔지만 그 결정은 심사숙고 끝에 내린 결정이었다. 로버트 타운센드라는 내 친구는 신용카드 현금 서비스를 이용해 영화 제작에 필요한 자금을 마련했다. 그러나 이는 위험천만한 방법임에 틀림없다. 나는 스무 살이 될 때까지 신용카드가 없었다.

여유 자금이 충분하다면 문제가 되지 않지만 가족이 살고 있는 집을 담보로 할 때는 반드시 그 결과에 대해 진지하게 생각해야 한다. 찾아보면 다른 대안도 얼마든지 있을 수 있기 때문이다.

> 땅 문서를 맡기고 돈을 빌렸다면 길바닥에 나앉을 각오를 해야 한다.

과연 얼마가 필요한가?

창업에 필요한 자금 규모를 정확히 계산할 수 있는 정해진 방법은 없다. 대략 천만 달러라고 치자. 천만 달러면 상당한 금액이다. 이 정도 금액이면 오토바이 대리점을 생각해 볼 수 있다. 하지만 다른 사람에게서 돈을 빌려야 하는 상황이라면 이런 계산법으로는 어림도 없다. 스트리트 스마트 성공을 위해서는 치밀한 재정 계획을 세워야 한다. 여기에는 창업뿐만 아니라 이후 각 성장 단계에서 필요한 구체적인 자금 계획까지 포함되어야 한다.

만약 창고에서 사업을 시작하고 이미 필요한 사무기기를 모두 갖추고 있다면, 일단은 사업을 시작해도 좋다. 다른 사람에게 손을 벌리지 않고서도 사업을 해나갈 수 있다. 하지만 사업 운영에 반드시 필요한 중요한 무언가를 빠뜨리지 않았는지 꼭 확인해 볼 필요가 있다.

친구에게 돈 빌리기

두 번째로 흔한 방법은 친구나 친척에게서 돈을 빌리는 것이다. 친구에게 돈을 빌렸던 내 경험은 좋았던 경험도 있고 나쁜 경험도 있다. 유명한 TV 감독이자 프로듀서인 애론 스펠링을 만나게 된 건 그의 아내 캔디를 개인지도하면서였다. 애론은 내 사업에 깊은 관심을 보였다. 그는 '베벌리힐스의 아이들', '미녀 삼총사', '사랑의 유람선' 등 유명 TV 시리즈물의 제작자다. 그는 할리우드에서 가장 큰 대저택 중의 하나에서 살고 있고 손이 크기로 유명하다.

스필버그가 내 사업에 투자하지 않기로 한 후 나는 애론에게 여러 리조트 호텔에 BBJ 휘트니스 센터를 여는 내 아이디어를 설명했다. 지금 생각하면 참 무모했지만 당시 나는 애론에게 50만 달러에 50%의 사업 지분을 제안했다. 그는 내 아이디어에 큰 관심을 보였고 그의 자문 회계사와 상의해 보겠다고 말했다. 하지만 그의 자문 회계사는 우리의 거래를 반대하고 나섰다.

"제이크, 내 회계사가 경제 상황이 좋지 않다며 이 거래를 반대하네요."

물론 그가 자문 회계사의 의견을 듣지 않고 투자를 할 수도 있지만 부자들은 재무 조언가의 의견을 매우 중요시한다. 애론은 내게 자신의 사정을 솔직하게 얘기했고 나는 그의 회계사와 재정 문제로 왈가왈부하고 싶지 않았다. 사실 그의 회계사가 옳았다. 1990년 필과 나는 디즈니 소유인 올랜도의 돌핀 호텔에 BBJ 휘트니스 센터를 여는 첫 번째 프랜차이즈 계약을 성사시켰다. 이 성공으로 나는 몹시 들떠 있었다.

하지만 뜻하지 않은 불황이 닥쳤다. 우리가 다른 대형 리조트 호텔에도 한창 홍보에 열을 올리던 시기였다. 호텔들은 우리의 아이디어에 깊은 관심을 보였지만 대개는 경기 불황을 탓하며 선뜻 나서려 하지 않았다. 심지어 잘 나간다는 최고급 리조트 호텔들도 빈 객실이 넘쳐나 호텔 내에 휘트니스 센터를 여는데 신경 쓸 겨를이 없었다. 우리는 결국 물러날 수밖에 없었다.

만약 그때 애론이 50만 달러에 50%의 투자를 했다면 현재 BBJ에 대한 그의 지분 가치는 수십 배로 껑충 뛰어올랐을 것이다. 참

몸서리처지는 얘기다. 나는 그에게 헐값에 지분을 판 것에 대해 땅을 치고 후회했을 것이다. 명심하라. 사업자금을 끌어들이기 위해 사업 지분을 헐값에 넘겨선 안 된다. 사업 성공에 대한 확신이 있고 자금을 조성할 수 있는 다른 방법이 있다면 사업 지분을 절대 헐값에 넘기지 마라.

친구에게 돈을 빌리는 게 당신에게 최선의 방법인가?

상황만 잘 맞아떨어진다면 친구와의 돈 거래가 모두에게 이익이 될 수도 있다. FitTV와 메이저리그 라크로스 등의 사업에 투자자로 나섰던 패밀리 채널의 팀 로버트슨과의 파트너십처럼 커다란 성공을 거둔 경험도 있다. 팀과 나는 사업 파트너로서 엄청난 성공을 거뒀다. 하지만 우리는 함께 사업을 시작한 이후에 친구가 되었다.

이제 나는 친구들에게 사업 투자를 권유할 때 신중하게 접근한다. 우선은 친구와의 사업 거래가 큰 성공을 거두더라도 사업상 이해관계가 있으면 편안한 친구로서 남기가 쉽지 않다. 명심하라. 사업이 잘 안 돼 손해를 보더라도 별문제가 없을 만큼 돈이 넘쳐나는 친구가 아니라면 당장의 사업자금을 위해 미래의 친구를 잃어도 좋은지 신중하게 생각해야 한다.

가족에게 돈 빌리기

대부분의 창업자들은 사업을 시작할 때 가족에게 돈을 빌리는 일을 너무 쉽게 생각하는 경향이 있다. 하지만 정말 신중하게 생각해봐야 할 문제다. 때론 가족이 최고의 사업 파트너가 되지 못할 수도 있다. 물론 가족형 사업이 미국의 가장 커다란 자산 중에 하나라는 사실은 부인할 수 없다.

미국의 상장기업 가운데 약 60%가 가족형 사업 구조를 가지고 있다. 포드, 월마트, 앤호이저부시 등도 모두 가족형 사업이다. 사실 가족형 사업의 약 35%가 〈포춘Fortune〉 500대 기업에 속한다. 조지아에 있는 케네서 주립대학의 콕스 패밀리 엔터프라이즈 센터에서 조사한 바에 따르면 가족형 사업은 전체 인력의 60%, 국내총생산의 절반, 전체 임금의 65%를 차지하고 있다.

전 세계적으로 봐도 가족형 사업은 전체 산업의 80%를 차지하고 있다. 가족형 사업이 미국의 전통이긴 하지만 다른 나라에서도 가족형 사업은 보편화되어 있다. 미국에서뿐만 아니라 한국, 중국, 인도에서도 세탁소, 편의점, 모텔 등의 사업을 가족형 사업으로 운영하는 경우가 많다.

가족들은 대개 무이자로 돈을 빌려 주거나 은행이나 자본가보다 훨씬 낮은 이자만 받기 때문에 가족들에게 창업자금을 빌리고 싶은 마음이 드는 게 어쩌면 당연하다. 다행히 사업이 잘 되면 모두에게 좋지만, 혹시 모를 가족간의 불화를 막기 위해서는 사전에 구체적인 자금 상환 계획을 문서화해 모든 당사자의 합의를

거쳐야 한다. 또한 큰돈을 벌 수 있을 거라는 환상을 심어줘서는
안 된다.

**록펠러 집안이 아니라면 가족들에게 손을 벌리는 것도 쉽지
않은 일이다.**

가족에게 창업자금을 빌릴 때 주의해야 할 또 다른 점은 단순
히 사업자금만을 빌리는 것인가 아니면 사업 운영에 가족을 끌어
들일 것인가를 함께 결정해야 한다. 물론 가족끼리 힘을 합쳐 사
업을 성공시킨 사례도 많이 있지만 가족형 기업의 생존율은 그다
지 높지 못하다. 전체 가족형 사업 중에 약 30%만이 2대까지 이
어지고 3대까지 이어지는 비율은 10%에 불과하다.

어떤 사업이고 만만한 사업은 없지만 가족형 사업은 현금흐름
과 경쟁, 시장 수요, 직원 등을 다루는 일상적인 일에 있어서 전
혀 새로운 문제를 야기할 수 있으며, 돌이킬 수 없는 불화로 이어
질 수도 있다.

가족이건 동업자건 매일 어깨 너머로 당신이 하는 일을 감시
하며 사업에 대해 이러쿵저러쿵 잔소리를 늘어놓으면 그다지 달
갑지 않다. 하지만 사업에 투자를 했으면 마땅히 의견을 내놓고
사업 계획에 발언권을 가져야 한다. 어느 사업이건 조직 체계가
중요하지만 특히 가족형 사업에선 더욱 그러하다. 가족들은 공식
적인 조직 체계가 없으면 가족 간의 상하관계에 의존하려는 경향
이 있다. 경영방침과 기업 지배구조를 분명히 명시한 규칙을 만

드는 것도 좋은 방법이다. 그렇게 되면 모두가 사업에만 집중할 수 있기 때문이다.

대부분의 스포츠 팀 구단주들은 마이애미의 로비 가족에게 일어난 일을 잘 알고 있다. 가장인 조 로비는 마이애미 돌핀스 팀을 중심으로 스포츠 제국을 건설했다. 로비는 돌핀스 전용구장까지 소유하고 있었다. 하지만 〈마이애미 헤럴드〉의 보도에 따르면 1990년 그가 사망하고 그의 아내까지 그의 뒤를 따르자 그의 자녀들은 약 4,700만 달러에 달하는 엄청난 상속세를 내기 위해 모든 자산을 팔아야만 했다. 어떤 사업이건 가족과 직원들을 위해 예상치 못한 불행한 일이 닥칠 때를 대비해 미리 계획을 세워둘 필요가 있다.

은행에서 돈 빌리기

사업에 관해 스트리트 스마트하다는 건 게임의 룰을 잘 알고 있다는 것을 의미한다. 은행에서 돈을 빌리려면 은행의 룰에 따라야 한다. 무작정 은행에 찾아가서 막무가내로 백지 수표를 내 달라고 요구할 수는 없는 노릇이다. 창업을 하고 수익을 내기까지 사업을 운영하는데 무엇이 필요한 지를 정확히 알아야 한다.

다시 한 번 강조하지만, 자신이 정말로 좋아하는 일을 해야 하는 이유가 바로 이 때문이다. 또한 자신의 사업에 대해 속속들이 알고 있어야 한다. 그러면 은행도 당신이 모든 열정을 바치고 있다는 걸 알고 당신에게 돈을 빌려 줄 것이다. 어쨌든 은행은 돈을 빌려 줘야 돈을 벌 수 있으니까.

은행은 사람들에게 돈을 빌려 주려 하지만 단, 부채상환에 관해 일정 기준에 부합하는 사람들에게만 돈을 빌려 준다. 하지만 아이러니컬하게도 한쪽에서는 좋은 사업 아이템을 가지고도 은행에서 돈을 빌리지 못해 발을 동동 구르는 영세업체가 있는 반면, 유일한 재산이라곤 번지르르한 거짓말만 늘어놓는 능력뿐인 사기꾼들에게 수백만 달러를 떼이기도 한다.

현실을 받아들이자. 세상은 불공평하다. 특히 은행에서 돈을 빌릴 때는 더욱 그렇다. 현실을 담담히 받아들이되 좌절할 필요는 없다. 은행은 햇볕이 내리쬘 때 우산을 빌려 주었다가 빗방울이 떨어지기 무섭게 다시 우산을 돌려달라고 요구하는 그런 곳이다. 창업을 위해 현금이 필요하다면 우선 은행과 친해지는 법을 배워야 한다. 그리고 알아듣기 힘든 금융용어도 익혀야 한다. 물론 대출담당자가 무엇을 요구할 것인지도 알아야 한다.

은행에서 돈을 빌리려면 그곳에서 쓰는 말을 배워라.

대출담당자는 총부채 규모와 총자본 규모를 비교하는 '부채 비율'에 대해 이야기할 것이다. 부채 비율은 '총부채/총자본×100(%)'라는 공식으로 구할 수 있다. 예를 들어 필요한 총금액 10만 달러 가운데 은행에서 8만 달러를 대출받고 자기 자본이 2만 달러라면 부채 비율은 400%가 된다.

이 책을 읽는 독자들은 어떨지 모르겠지만, 어려운 전문용어를 얘기했더니 머리가 복잡해지기 시작한다. 내가 하고 싶은 얘기는 은행에서 쓰는 용어들에 미리 익숙해지라는 것이다. 대출담당자가 이런 용어들을 쓸 때 당황하지 않도록 말이다.

내 신용 상태는 건전한가?

주차위반 범칙금을 내지 않은 적이 있는가? 마지막 임대료를 내지 않고 이사한 적이 있는가? 신용카드 대금을 연체한 적이 있는가? 이런 사소한 일들이 당신의 신용 기록에 커다란 오점을 남길 수 있다. 금융기관에서 당신의 대출신청서를 검토할 때 가장 먼저 보는 사항 중에 하나가 바로 당신의 개인 신용 상태다. 따라서 창업을 위해 금융기관에서 돈을 빌리려면 자신의 신용을 깨끗하게 정리할 필요가 있다.

신용정보기관들은 개인의 신용정보 기록을 보유하고 있다. 당신이 착한 사람인지 나쁜 사람인 지는 산타클로스만 알고 있는 게 아니다. 당신의 신용정보 기록에서 잘못된 정보나 오류를 발견하더라도 놀라지는 말아라. 늘상 있는 일이다.

대개의 경우에 갚지 않은(혹은 제때에 갚지 않은) 대출금은 개인 신용정보의 첫 번째 항목에 기재된다. 대출금을 제대로 갚지 않았던 기록이 신용정보에 남아 있으면 사업자금을 대출받기가 어려워진다. 따라서 이런 기록은 즉시 깨끗하게 정리해야 한다.

본인의 신용정보에 뭔가 미심쩍은 부분이 있으면 신용정보기관에 알려 도움을 받아야 한다. 다만, 이런 문제를 해결하기 위해서는 의외로 시간이 많이 걸린다는 사실을 잊어서는 안 된다.

개인 투자자에게 돈 빌리기

개인적으로 모아둔 돈도 없고 가족이나 친구들의 도움도 기대할 수 없다면 어디서 창업자금을 마련해야 할까? 천사의 존재를 믿는가?

거대하고 복잡한 금융계에서 천사는 날개를 달고 나타나지 않는다. 그보다는 계산기와 리스크 분석표를 가지고 나타날 가능성이 높다. 이러한 천사는 다름 아닌 개인 투자자이거나 벤처 캐피털이다. 그들이 천사라고 해서 자비 넘치는 사람들이라고 생각하면 큰 오산이다. 개인 투자자들은 아버지에게서 물려받은 엄청난 유산을 굴리는 부잣집 아들부터 닷컴 열풍에서 큰돈을 번 사람에 이르기까지 다양하다. 물론 노련한 전문 투자자들도 있다. 이들 중 일부는 당신의 성공을 진심으로 바라지만 일부는 사업가들을 함정에 빠뜨려 기업을 헐값에 사들이는 악덕 투자자들도 있다.

은행을 비롯한 대부분의 금융기관과는 달리 개인 투자자들은 대개 재정 지원에 대한 대가로 당신 회사의 미래 수익 중 일부를 원한다. 당신이 제때에 돈을 갚지 못하면 더 큰 지분을 원한다.

이들은 결코 놀고 먹는 바보들이 아니다. 회사의 경영권을 잃을 만큼 많은 지분을 이들에게 줘서는 안 된다.

벤처 자본가는 번지르르하게 차려입은 사채업자의 또 다른 모습일 수 있다. 이들은 대개 투자금의 30~35%의 연수익을 원한다. 이들의 목표는 3~5년 내에 투자금의 6배를 회수하는 것이다. 돈을 벌기 위해 돈을 빌려 주는 사람들이다. 언젠가는 멋진 휴양지에 근사한 집을 마련하고자 하는 당신의 꿈과 야망에는 별 관심이 없다. 그렇다고 그들이 나쁜 사람들이라는 건 아니다. 단지 신중하게 다뤄야 할 사람들이라는 것이다.

천사의 기적

어떤 '천사' 투자자들은 정말로 하늘에서 보낸 것처럼 느껴지기도 하지만 사실은 우리와 같이 욕심 많은 사람들에 불과하다. 대부분의 스트리트 스마트 사업가와 마찬가지로 나 역시 악덕 투자자도 만났고 천사 투자자도 만났다.

헬스·휘트니스 TV 방송국을 설립하기로 결심하고 나는 팀 로버트슨을 찾아갔다. 내가 만난 투자자들 중에 가장 천사에 가까운 사람이 아닌가 싶다.

1989년 말 나는 내가 구상한 시트콤을 CBS에서 방영하기로 CBS측과 합의를 보았다. 당시에는 샘 골드윈 주니어와 보디 바이 제이크 쇼의 첫 회분 계약을 갱신한 지가 얼마 되지 않아 할 일이 무척 많았다. 그런데 NATPE(National Associatoin of Television

Program Executives: 전미 텔레비전 편성자협회)의 연례전시회에서 BBJ 쇼를 홍보하기 위해 휴스턴으로 떠나기 직전 나는 CBS의 경영진 교체로 CBS와의 거래가 무산되었다는 소식을 접했다.

이 소식을 듣고 무척 실망했지만 어쩔 수 없었다. 그리고 전시회에서의 프로그램 홍보가 더 급한 문제였기에 나는 휴스턴으로 날아가 전시회에 참여했다. 전시관에서 사람들에게 내가 직접 사인한 티셔츠를 나눠 줄 때였다. 한 남자가 다가와서는, 그의 아내가 내가 진행하는 프로그램을 보면서 운동을 하는 동안 자녀들이 TV에서 숫자를 세며 윗몸일으키기와 팔굽혀펴기 운동을 하는 내 모습을 보면서 셈을 배웠다며 고마움을 표시했다. 그리고 물었다.

"아이들이 무척 잘 따를 것 같은데, 가족용 프로그램을 해 보실 생각은 없으세요?"

그렇게 해서 탄생한 게 바로 '빅 브라더 제이크 시리즈'다. 주인공이 자기를 키워준 집으로 돌아가 양어머니를 도와 다섯 동생들과 지내면서 벌어지는 여러 가지 에피소드가 중심 스토리다.

전시관에 사람들이 너무 몰려와 그에게 내 시트콤 이야기를 해 줄 시간이 없었지만 가족용 프로그램에 관한 좋은 아이디어가 있으니 전시회가 끝나면 다시 만나고 싶다고 말했다. 그는 나에게 명함을 남겼고 나는 그의 자녀들을 위해 내 사인이 새겨진 티셔츠를 선물했다.

그가 돌아간 후 명함을 보고서야 그가 패밀리 채널의 프로그램 편성 책임자라는 걸 알 수 있었다. 뭔가 좋은 예감이 들긴 했지만 우리의 짧은 대화가 좋은 기회로 이어질 거라는 큰 기대는 하지 않았다. 월요일에 LA에 있는 사무실로 돌아온 나는 전시회에서 만났던 그 남자에게서 연락을 받았다. 가족용 프로그램에 대한 내 아이디어를 논의하기 위해 버지니아 주에 있는 패밀리 채널의 본사로 한 번 와달라는 부탁이었다. CBS와의 거래가 무산되어 무척 실망해 있던 차에 뜻밖의 반가운 소식이었다. 나는 그 즉시 버지니아로 떠났다.

하지만 패밀리 채널의 본사에 도착했을 때 나에게 연락했던 사람을 만날 수 없었다. 로비에서 45분을 기다렸다. 풀이 죽어있는 나에게 캐주얼 차림의 한 남자가 다가와 말을 걸었다.

"혹시 TV에 나오는 휘트니스 트레이너 아니세요?"

나는 자신을 소개하고 그 남자(팀 로버트슨)에게, 프로그램 책임자를 만나 시트콤 아이디어를 설명하러 왔다고 말했다.

"곧 올 겁니다. 잘 되길 바랍니다."

그는 이렇게 말하고 자리를 떴다. 그 후 20분이 더 흘렀지만 프로그램 책임자는 나타나지 않았다. 그냥 포기하고 돌아가려는 순간 팀이 다시 나타났다.

"아직도 못 만나셨나요? 어쩌죠? 뭔가 착오가 있었나 보네요. 제 사무실로 가서 저와 얘기를 나누는 건 어떨까요?"

그때만 해도 나는 팀이 누구인지도 몰랐고, 직급도 그다지 높아 보이지 않은 사람에게 내 프로그램 아이디어를 설명하느라 더 이상의 시간을 낭비하고 싶지도 않았다. 나는 좀더 기다려보겠다고 했지만 팀은 내 생각을 듣고 싶어했다. 그때쯤 나는 아무에게라도 내 생각을 알리고 LA로 돌아가고 싶은 마음이었다. 그의 사무실은 전혀 중역실처럼 보이지 않았다. 한쪽 구석에 있는 초라한 사무실이었다. 우리는 잠시 스포츠와 휘트니스에 대해 이야기를 나눴고 나는 이내 긴장을 풀기 시작했다. 그러자 그가 본론으로 들어갔다.

"생각하신 아이디어에 대해 들려주시겠습니까?"

나는 내 아이디어를 이야기했고 그는 가끔씩 웃어가며 내 이야기를 끝까지 들었다.

"한 번 해 봅시다."

팀이 시원스레 말했다. 나는 머뭇거리다가 대답했다.

"우선은 책임자와 얘기를 나눈 후에 그가 어떻게 생각할지 알아봐야 할 것 같은데요."

그때 그가 말했다.

"제가 책임자입니다."

나는 그때까지도 그가 누구인지 전혀 몰랐지만 알고 보니 그와 그의 아버지가 패밀리 채널의 소유주였다. 두 달 후 우리는 빅 브라더 제이크의 첫 회분을 촬영했다. 그리고 1990년부터 1995년 사이 총 100편을 촬영했다. 나에겐 텔레비전 업계에서 했던 일 중에 가장 신나는 경험이었다.

두말할 것도 없이 나는 팀 로버트슨과 좋은 친구 사이가 되었다. 1993년 내가 그에게 헬스·휘트니스 전문 TV 시장이 무르익은 것 같다고 말하자 팀은 나에게 재정적 지원을 약속했다. 우리는 FitTV를 출범시켰고 엄청난 성공을 거둬 5년 후에 폭스 스포츠에 5억 달러를 받고 매각했다. 이제 내가 왜 팀 로버트슨을 천사 중에 천사라고 생각하는지 알겠는가. 또 나는 메이저리그 라크로스에 관한 아이디어를 팀에게도 이야기했다. 그는 10분 정도 내 이야기를 듣다가 이렇게 말했다.

"나도 찬성이요."

팀은 현재 나와 데이브 머로우와 함께 메이저리그 라크로스 사업을 이끌고 있다. 새로운 프로 스포츠 리그를 창설한다는 게 결코 쉬운 일은 아니었다. 수백만 달러를 쏟아 부었고 다행히 몇 년만에 우리가 원하던 모습을 갖춰 나가기 시작했다. 현재 벤처 캐피털회사인 베이 쇼어 엔터프라이즈를 운영하고 있는 팀은 언제나 나를 밀어 줬고 내 꿈을 이루는데 필요한 일이라면 기꺼이 발벗고 나섰다.

우리는 서로 동등한 입장에서 한 팀으로 일하고 있다. 좋을 때나 힘들 때나 우리는 항상 똘똘 뭉쳤다. 사업을 하면서 이런 관계를 유지하긴 쉬운 일이 아니다. 우리는 정말로 단 한 번도 싸워본 적이 없다. 전혀 다른 배경을 가진 세 사람이 모였지만 언제나 말이 잘 통하고, 손발이 척척 맞는다. 참 보기 드문 경우다.

사업이 잘 될 땐 투자자와 쉽게 친구가 될 수 있다. 하지만 메이저리그 라크로스처럼 큰 사업이야말로 서로의 파트너십과 개인적 관계의 굳건함을 시험해 볼 수 있는 좋은 기회다. 서로 의견이 다르면 충분한 논의 끝에 서로 힘을 모아야 한다. 모든 스트리트 스마트 사업가들이 팀과 데이브 같은 친구를 가지고 있기를 바란다.

사업자금을 마련하는 일은 스트리트 스마트 사업을 하는 가장 어려운 일 중의 하나이다. 하지만 누구나 겪어야 하는 일이고 자신이 꿈꿔온 사업을 본궤도에 올리기 위해서는 반드시 필요한 일이다. 그러기에 난관에 부딪칠 용기가 있어야 한다. "No."라는 말은 귀담아 듣지도 말아라. 그리고 노련한 스트리트 스마트 사업가들에 의해 오랜 세월에 걸쳐 전해 내려오는 이 말을 언제나 명심하라.

"돈을 쥘 때까지는 절대 포기하지 말라!"

Chapter 6

브랜드 관리

내가 처음 할리우드에 와서 살기 시작했을 때 운동기구로 사용하는 기구라곤 빗자루 하나뿐이었다. 당시 나는 가난했기에 가진 건 건강한 몸밖에 없었다. 하지만 프로 보디빌더가 되기 위해 미친 듯이 운동에 매달렸다. 내 입으로 말하기는 좀 쑥스럽지만 그야말로 조각처럼 다져진 근육질 몸매를 자랑했다. 많은 할리우드의 전설적 스타들처럼 나 역시 어느 날 우연히 길거리에서 스카우트되었다.

1978년 여름, 시내에서 멀리 떨어진 노스리지에 살면서 나는 산타 모니카에 있는 체육관으로 매일 차로 출퇴근을 했다. 어느 날 운동을 마치고 집으로 돌아가는 길에 비타민제를 사려고 약국에 들렀다. 몸에 딱 달라붙는 티셔츠에 운동복 반바지를 입고 물건을 고르고 있는데 한 여성이 내 어깨를 두드렸다.

"실례합니다만, 혹시 뭣 좀 여쭤봐도 될까요?"

처음엔 그녀가 내가 고르려는 종합 비타민제에 대해 물어보려는 줄 알았다. 그러나 질문은 엉뚱했다.

"빌리지 피플(Village People: 1970년대 후반에 활동한 미국의 디스코 밴드)을 아세요?"

전혀 생각지 못한 질문이었다.

"이름은 들어봤습니다만, 저는 제쓰로 툴(Jethro Tull: 영국의 록밴드)을 더 좋아합니다."

그녀는 미소를 지으며 이렇게 말했다.

"빌리지 피플의 노래 중에 '마초맨(Macho Man: 건장한 사나이라는 의미)'이라는 곡이 있는데, 선생님이야말로 대단한 마초맨이네요."

나는 가슴을 내밀고 이두근에 힘을 주며 최대한 굵은 목소리로 이렇게 말했다.

"당치 않습니다. 그러나 어쨌든 정말 고맙습니다."

"빌리지 피플이 산타 모니카 시빅 센터에서 콘서트를 하는데, 혹시 그 무대에 서보시고 싶지 않으세요?"

나는 주위를 둘러보았다.

"지금 몰래카메라 찍고 있는 건 아니죠?"

나는 뜻밖의 부탁에 당황했다. 그녀는 고개를 가로 저으며 다시 미소를 지었다. 순간 나는 5만여 명의 환호하는 여성들 앞에서 멋진 포즈를 취하는 내 모습을 상상했다. 어릴 적 프랭크 시나트라의 음악을 들으며 꿈꿨던 일이 현실로 이뤄지는 순간이었다.

"출연료로 100달러를 드릴 겁니다."

"제 부모님과 여동생을 초대해도 될까요?"

"물론이죠."

그리고 나서 그녀는 수지 프랭크라고 자신을 소개하며 명함을 건넸다. 거기에는 '카사블랑카 음반사'의 A&R 담당자라고 적혀 있었다. 그녀는 계약서에 서명을 하면 무료 티켓을 주겠다고 했다. 다음날 나는 그녀를 만나기 위해 카사블랑카 음반사로 찾아 갔다. 그녀는 나를 록스타처럼 대접했으며 음반사 사장인 닐 보가트를 소개시켜 줬다. 마침 사장실에 있던 디스코 디바인 도나 서머까지도 만날 수 있었다. 모두들 나에게 친절하게 대해 줬다. 카사블랑카 음반사의 히트 앨범 몇 장과 출연료 100달러, 그리고 부모님과 여동생 낸시(당시 5살 꼬마였지만 음악을 굉장히 좋아 했다)에게 줄 맨 앞좌석 티켓을 받고 사무실을 나서는 나를 도나가 찬찬히 훑어보는 게 느껴졌다.

콘서트 티켓은 이미 매진이었다. 나는 흥분을 감출 수가 없었다. 롱아일랜드에 계신 부모님께 전화를 걸었다.

"록 콘서트 무대에 오를 예정이에요. 꼭 오세요. 티켓을 얻어 놨어요."

내가 하는 일이라면 언제나 찬성이셨던 부모님은 금방이라도 올 것처럼 기뻐하셨다. 물론 여동생 낸시도 좋아 어쩔 줄을 몰랐다(두 명의 남동생은 여름 캠프에 가고 없었다). 지루한 기다림 끝에 마침내 콘서트가 열리는 날이 왔다. 카사블랑카 음반사에선 나에게 멋진 리무진을 보냈다. 생전 타보지 못한 리무진까지 보내줬으니 나로선 황송하기 그지없었다.

나는 콘서트장에 도착하자 보안요원에게 출입증을 보여 주고 밴드 멤버인 양 한껏 폼을 잡으며 무대 뒤로 걸어갔다. 늘 록 콘서트의 무대에 서보는 꿈을 꿨는데 그게 현실로 이뤄진 것이다. 나는 슬며시 객석을 살펴 부모님과 여동생을 찾아보았다. 조명에 눈이 부셔 객석에 있는 사람들을 제대로 볼 수 없었지만 환호하는 수천 명의 여성 팬들 앞에서 멋진 포즈를 잡을 생각을 하니 가슴이 심하게 두근거렸다.

의상실로 가서 운동복을 벗고 근육질의 몸매가 조명에 더욱 빛날 수 있도록 온몸에 베이비 오일을 발랐다. 그리곤 가운 안에 조그만 트렁크만 걸쳤다. 내 자신이 마치 기름칠한 수박이 된 기분이었다. 매니저는 내게 내 차례가 될 때까지 의상실에서 기다리라고 했다. 마침내 내 차례가 되어 무대 커튼 뒤에서 대기하라는 지시가 떨어졌다. 밴드 멤버 중 한 명이 관객을 향해 이렇게 소리쳤다.

"여러분 중에 자신이 진정한 마초맨이라고 생각하시는 분 있습니까? 오늘 여러분께 진정한 마초맨을 소개하겠습니다. 어서 나오세요, 제이크!"

밴드가 마초맨이라는 노래를 시작하자 무대 감독이 나를 내보냈다. 내가 무대에 오르자 관객들의 열렬한 환호성이 울려 퍼졌다. 정말 짜릿한 순간이었다. 내가 있는 힘껏 이두근에 힘을 주자 관객은 더욱 큰 소리로 환호했다. 몇 가지 멋진 포즈를 취했고 객석은 그야말로 열광의 도가니로 변했다.

마침내 나는 무대 중앙으로 나가 객석에서 내 모습을 자랑스럽게 보고 계실 부모님과 여동생을 찾았다. 하지만 도무지 이해할 수 없는 광경이 펼쳐졌다. 아버지와 어머니 그리고 어린 여동생이 너무나 놀란 표정으로 얼굴이 새하얗게 질려 있는 게 아닌가. 그 주변의 관객을 보고서야 나는 비로소 그 이유를 깨달았다. 모두들 남자들이 아닌가! 수천 명이나 되는 남자들이 흰 손수건을 흔들며 환호하고 있었다. 그것도 다름 아닌 바로 나에게 키스를 보내고 음란한 제스처를 취하면서 말이다.

갑자기 나는 왜 빌리지 피플이 남다른 팬층을 확보하고 있는지 알게 되었다. 그리고 오늘 콘서트에 여자 관객이 왜 적은 지도 깨닫게 되었다. 이 공연은 내가 기대했던 것과는 전혀 다른 종류의 공연이었다. 물론 부모님과 여동생이 기대했던 공연도 아니었다. 노래가 끝나자마자 나는 서둘러 무대 뒤로 돌아갔다. 주차장에서 부모님을 만났는데 아버지는 안색이 창백했고 어머니는 '얘가 드디어 미쳤군'하는 표정이었다.

바로 이번 장의 주제인 브랜드 관리의 중요성을 절실히 일깨워 주는 경험이었다.

브랜드 파워

빌리지 피플과 같은 무대에 섰던 경험은 어릴 적 뚱뚱한 외모에 말더듬는 버릇 때문에 반 친구들 앞에 나가 제대로 발표도 하지 못했던 나에겐 분명 결코 잊지 못할 황당한 경험이었다. 사실 빌리지 피플 멤버들은 콘서트가 끝나고 나의 부모님께 매우 친절하게 대해 줬다. 전후 사정을 이해한 부모님은 안심이셨는데 우리 가족은 그때 일을 두고 지금까지도 웃음을 터트린다. 현재 글로벌 브랜드를 키워나가는 나에겐 철부지 시절에 겪었던 황당한 경험 중에 하나로 기억되는 사건이다.

명성은 가장 중요한 비즈니스 자산이다!

오늘날 나는 보디 바이 제이크(BBJ)라는 브랜드와 메이저리그 라크로스라는 브랜드를 지키고 키워 가는데 거의 모든 시간을 할애한다. 많은 사람들이 내게 광고에 출연해 달라고 부탁하지만 나는 내 이름을 거는 일에 매우 신중하게 행동한다. 따지고 보면 내가 가지고 있는 가장 소중한 자산은 나의 비즈니스와 제품, 그리고 내 자신에 대한 명성이다.

하지만 내가 BBJ라는 브랜드를 만들기 전까지 나는 브랜드의 의미와 중요성에 대해 보통 사람들과 다름없는 인식을 가지고 있었다. 보통 사람들처럼 맥도널드를 먹고 코카콜라를 마시며 링컨 콘티넨탈을 타고 싶어하는 그런 사람이었지 브랜드에 대해 생각을 하지는 않았다. 하지만 스트리트 스마트 사업가라면 시장에서 브랜드와 이미지를 만들고 키워 나가는 일에 많은 신경을 써야 한다. 브랜드는 단순히 회사의 이름이나 제품과 서비스의 이름이 아니라 당신과 고객의 마음을 연결하는 것이기 때문이다.

생각해 보라. 스타벅스라는 말을 들으면 단순히 커피만 생각 나는가? 그렇지 않을 것이다. 안락한 의자에 앉아 멋진 음악을 들으며 친구들과 담소를 나누거나 신문을 보거나 인터넷을 검색 하는 그런 이미지가 떠오를 것이다. 물론 내 경우엔 내가 가장 좋 아하는, 거품이 풍부한 더블 톨 드라이 카푸치노를 마시는 모습 이 연상된다. 바로 이것이 단순한 제품이나 회사명을 뛰어넘은 브랜드 파워다. 이처럼 가장 성공적인 브랜드는 고객과의 관계와 경험을 만들어 낸다.

BMW → 멋진 드라이빙과 라이프 스타일!
애플의 아이팟 → 최첨단 하이테크 기기!
루이비통 → 유행을 선도하는 고급 명품!

이러한 브랜드들이 가지고 있는 파워는 고객들이 해당 브랜드 에 대해 가지고 있는 느낌과 관계에 기반한다. 이러한 접근 방식 을 개척해 인터넷업계 최초로 단골고객을 위한 새로운 문화를 창 출한 기업이 바로 아마존닷컴Amazon.com이다. 고성능의 트래킹 기술을 이용해 고객의 구매내역을 추적해 취향과 기호를 파악함으로써 사용자가 웹 사이트에 로그온할 때마다 입맛에 맞는 제품을 추천한다. 기발한 상술이 아닐 수 없다. 옛날엔 조그만 양복점 주인이 VIP 고객들에게 연락해 언제 세일을 하는지, 최신 유행 제품이 언제 도착하는지 등을 알려 주었다면 오늘날 아마존닷컴은 고객이 사이트를 방문할 때마다 과거의 구매내역을 바탕으로 입맛에 맞는 새로운 상품을 추천한다. 그리하여 고객과의 새로운 관계를 구축하고 있다. 웹 스마트한 동시에 스트리트 스마트한 전략이다.

브랜드 파워의 근본은 고객만족이다!

새로운 영화 대여 웹 사이트인 넷플릭스Netflix는 브랜드 파워를 통해 고객과의 관계 구축에 성공한 또 다른 기업 사례다. 넷플릭스는 우수한 서비스를 통해 기존 고객의 90%가 새로운 고객을 끌어들임으로써 고속 성장을 거듭해 왔다. 넷플릭스는 고객들에게 자신이 좋아하는 영화에 대해 서로 의견을 교환할 수 있게 함으로써 브랜드 커뮤니티를 구축하는데 성공했다. 넷플릭스는 또한 전국에 24개가 넘는 유통센터를 세워 하루나 이틀 정도면 고객이 주문한 영화를 받도록 했다.

고객 서비스와 커뮤니티 구축은 또 다른 유명 브랜드인 애플 컴퓨터의 특징이기도 하다. 애플의 창업자 스티브 잡스는 신제품을 고객에게 처음 내놓을 때면 대개 대규모 컨벤션홀에서 수천 명의 고객을 모아놓고 시연회를 연다. 애플은 사람들이 환호하고 열광하는 복음주의 교회 예배 같은 분위기에서 충성도 높은 고객들에게 멋진 신제품을 선보인다. 이런 고객들은 애플의 브랜드에 열광한다. 스티브 잡스는 브랜드를 어떻게 구축해야 하는지 잘 아는 사업가다. 물론 그 자신이 회사와 자신의 비전을 지키기 위해 오랫동안 고군분투해 왔지만 말이다.

브랜드를 적절히 활용하라

회사의 브랜드를 구축하고 관리하는 데는 바로 이러한 기발한 착상과 인내가 요구된다. 자신의 비전을 지키고 끊임없이 그 당위성을 입증하기 위해서는 두둑한 배짱도 필요하다. 스티브 잡스는 한동안 기업 경영권을 잃기도 했었지만 애플의 최고경영자로 다시 화려하게 컴백했다. 오늘날 애플은 아이튠스iTunes와 아이팟으로 짭짤한 재미를 보고 있다. 이런 강력한 브랜드를 만들기 위해서는 고객의 요구에 대해 매우 명확한 비전을 가지고 있어야 하며 제품과 서비스에 충실해야 한다.

독자 중에는 "강력한 브랜드 구축을 위해서는 엄청난 돈이 필요할 것 같은데"라고 말하는 사람도 있을지 모르겠다. 그렇지 않다. 나는 사업 초창기에 운동기구로 사용하는 빗자루가 하나밖에 없을 정도로 가난했다. 하지만 모아둔 돈이 없어도 창의력만 있으면 얼마든지 강력한 브랜드를 구축할 수 있다.

1980년대 초 CNN을 설립한 테드 터너는 〈피플*People*〉 지에서 할리우드의 유명인들을 상대로 한 나의 휘트니스 트레이닝 사업에 관한 기사를 보고 나에게 연락을 했다. 그는 CNN을 시청자에게 보다 친근한 채널로 만드는데 나의 도움이 필요하다고 말했다. 당시만 해도 CNN에 대해서는 들어보지 못했기 때문에 나는 바로 그의 제안을 수락하지 않았다. 나는 먼저 방송사의 친구들을 통해 CNN과 테드 터너라는 사람에 대해 알아보았다. 친구들은 CNN과 테드 터너를 미래를 예측할 수 없는 와일드 카드라고 평했다. 지상파 방송국들의 심한 견제 때문에 CNN의 생존 가능성을 높게 보는 사람이 많지는 않았지만 일부는 테드 터너가 뭔가 큰일을 해낼 재계의 이단아이자 사업의 귀재라고 말했다.

전국에 방영되는 방송에 출연하면 나의 브랜드를 알리는데 – 어쩌면 배우로서의 나의 경력에까지– 도움이 될 수도 있을 거라는 생각이 들었다. 그래서 나는 그에게 전화를 걸어 24시간 내내 방영되는 정규 프로그램 사이사이에 방영할 수 있는 60초짜리 '휘트니스 브레이크'라는 프로그램을 제안했다. 테드 터너는 내 제안을 흔쾌히 수락했다. 저렴한 비용에 제작할 수 있으면서 시청자들에겐 유용한 프로그램이 될 수 있었기 때문이었다. 결국 프로그램은 대성공을 거두었다. 사실 CNN에 방영된 내 프로그램은 나의 브랜드를 알리는 60초짜리 광고인 셈이었다. 게다가 돈까지 받고 출연했으니 정말 꿩먹고 알먹고가 아니겠는가.

그 프로그램은 내게 믿기 어려운 기회의 문을 열어 주었다. 내 프로그램이 24시간 내내 방영되면서 내가 방송을 타는 횟수가

CNN의 간판 앵커인 울프 블릿처보다 더 많았다. 처음 3일간의 촬영 기간 동안 말리부와 베벌리힐스, 할리우드 등의 촬영지에서 200회 분의 프로그램을 촬영했으며 이후 4년간 800회 분의 프로그램을 촬영했다.

그 당시에는 어느 누구도 CNN이 지금처럼 성공하리라곤 장담하지 못했다. 하지만 얼마 되지 않는 출연료에도 불구하고 기꺼이 자체 프로그램을 제작해서 CNN에 내보냄으로써 나는 홈비디오에서 헬스·휘트니스 도서, 수백 차례의 TV 출연, 나만의 TV 시리즈, 결국엔 나만의 TV 네트워크에 이르기까지 엄청난 성공을 이룰 수 있었다.

그렇다. 나는 변변한 대학 졸업장 하나 없는 사람이다. 달랑 화분 하나와 보디빌딩 잡지 꾸러미를 싸들고 LA로 이사와 갖은 고생을 했지만 결국엔 확실한 나만의 브랜드를 구축하는데 성공했다. 그렇다고 내가 남달리 능력이 출중한 사람도 아니다. 성공을 위해 필요한 건 대학 졸업장도 아니요, 차떼기 돈다발도 아니다. 오로지 스트리트 스마트 성공을 향한 강한 집념이다.

신뢰를 쌓으려면 약속을 지켜라

오늘날 내가 이룬 성공의 대부분은 CNN에 출연하며 얼굴을 알리고 브랜드를 구축했던 1980년대 초반으로 거슬러 올라간다. 기업들은 시장에서 브랜드 파워를 지키기 위해 엄청난 돈을 쏟아 붓는다. 최근 〈비즈니스 위크*Business Week*〉는 매출 10억 달러 이상인 기업 가운데 전 세계적으로 가장 가치가 높은 브랜드를 선정한다. 물론 이름만 대면 누구나 다 알만한 기업들이다. 브랜드 파워는 하루아침에 구축되지 않는다. 브랜드를 구축하는 데는 오랜 시간이 걸리고 신뢰를 돈으로 살 수는 없다. 이런 이유 때문에 브랜드 구축은 유기적으로 이루어져야 한다. 거대 글로벌 기업은 제품의 마케팅과 홍보에 수십억 달러를 쏟아 붓는다. 하지만 자신이 한 비즈니스 약속을 성실히 지키는 것만으로도 신뢰를 쌓을 수 있다.

〈비즈니스 위크〉 선정 10대 글로벌 브랜드

1. 코카콜라
2. 마이크로소프트
3. IBM
4. GE
5. 인텔
6. 디즈니
7. 맥도날드
8. 노키아
9. 토요타
10. 말보로

브랜드 구축을 위한 스트리트 스마트 요령

1. 브랜드 기반을 다져라 보디빌딩에서는 처음 운동을 시작할 때 일단 가볍게 시작해서 기초체력을 다져야 한다. 그래야 우리 몸이 다양한 운동에 반응하는데 익숙해질 수 있다. 한마디로 근육의 메모리를 키우는 것이다. 일단 기초체력을 튼튼하게 다졌으면 그 다음부터는 잠재력에 한계가 없다.

기업과 브랜드도 마찬가지다. 〈비즈니스 위크〉가 선정한 10대 글로벌 브랜드도 오랜 세월 동안 확실한(때론 열광적인) 고객 기반을 다짐으로써 정상의 자리에 설 수 있었다. 코카콜라나 디즈니 같은 기업들은 최근 몇 년간 크고 작은 위기를 맞기도 했다. 하지만 강력한 기초체력이 있었기 때문에 어려운 시기를 극복하고 새로운 수익원을 창출할 수 있었다.

비결은 단순히 상품이나 서비스가 아니라 흥분과 열정을 불러일으키는, 우리 생활의 일부가 되는 브랜드를 만드는데 있다. 코카콜라에서 말하는 '리얼씽(real thing, 진짜)'이 되어야 하는 것이다. 언제나 흔들림 없는 고객 기반을 구축하기 위해서는 처음부터 고객에게 정직하게 다가가야 한다. 우리는 BBJ하면 '튼튼하고 편리한 제품을 생산하는 믿을 수 있는 기업'이라는 브랜드 이미지에 부합하기 위해 시속 80km로 벽에 부딪치는 충돌 테스트를 제외하고 갖가지 테스트를 거친 후에 제품을 출시한다. 바로 이것이 고객들이 우리에게 바라는 것이다.

┃ 특정 제품이나 서비스가 아니라 생활의 일부인 브랜드를 만들어라.

건강식에 대한 사람들의 관심이 높아지면서 패스트푸드 업계
에 대해 유해 지방을 뺀 음식을 내놓으라는 목소리가 커지기 시
작했다. 이런 시장의 요구에 귀를 기울인 회사가 바로 서브웨이
Subway다. 그 결과 다른 패스트푸드 회사들이 고전을 면치 못하
는 상황에서도 유독 서브웨이만은 성공가도를 달리고 있다. 오늘
날의 브랜드는 정직해야 한다. 그렇지 않으면 고객들은 등을 돌
린다. 따라서 처음부터 끝까지 엄격한 기준을 통해 확고한 기반
위에 기업과 브랜드를 구축해야 한다.

코카콜라는 세계에서 가장 유명하고 존경받는 브랜드다. 애틀
랜타에 본사를 둔 코카콜라는 글로벌 브랜드 관리의 선구자이다.
이런 코카콜라 역시 브랜드를 지키기 위해 부단한 노력을 기울인
다. 코카콜라는 '코카콜라 스파이'라는 비밀 감시요원을 조직해
청량음료 판매점에 손님으로 가장해 들어가서 '진짜' 코카콜라를
판매하는지 조사한다.

코카콜라의 영원한 맞수인 펩시콜라를 비롯한 여러 경쟁업체
들은 끊임없이 코카콜라의 아성에 도전장을 내밀고 있다. 최근엔
메카콜라Mecca Cola라는 브랜드가 등장해 코카콜라를 위협하고
있다. 이슬람 성지인 메카의 지명을 딴 메카콜라의 등장으로 콜
라 전쟁은 전혀 새로운 국면을 맞이하고 있다. 코카콜라와 비슷
한 빨간색 용기에 흰색 로고가 새겨진 메카콜라는 중동지역의 반

미감정을 이용한 튀니지 사업가에 의해 몇 년 전 프랑스에서 첫 출시되었다.

세계 정세와 청량음료가 어떤 관계가 있는 지는 잘 모르겠지만 이미 사과, 라임, 오렌지 향이 가미된 제품뿐만 아니라 메카콜라의 다이어트 버전까지 출시되어 유럽과 아랍권 전역에 수출되고 있다. 물론 메카콜라를 술과 함께 섞어 마시는 모습은 찾아보기 어렵다. 메카콜라에는 술과 섞어 마시는 행위가 이슬람 율법에 위배된다는 문구가 아주 조그맣게 쓰여 있다.

코카콜라에 대한 메카콜라의 정면 도전은 글로벌 경제 체제에서 살아남기 위해서는 세계 도처에서 벌어지는 치열한 경쟁에서 앞설 수 있는 강력한 브랜드 파워를 키워야 한다는 사실을 상기시켜 준다. 그래서 브랜드는 고객으로 하여금 제품이나 서비스에 대한 대가를 지불하게 만드는 노력 이상이라는 것이다. 스트리트 스마트 사업가는 고객의 마음까지도 사로잡아야 한다.

월트 디즈니의 브랜드 파워 역시 최근 몇 년간 경영진의 갈등과 최고경영진에 대한 비난, 적대적 인수합병의 위협 등으로 도전을 받아 왔다. 하지만 이렇게 어려운 상황에서도 월트 디즈니는 고객의 사랑과 세계인의 가슴속에 확고히 자리잡은 위상 덕분에 난관을 극복할 수 있었다. 한때 강력한 브랜드 파워를 자랑했으나 이런저런 이유로 어려움을 겪었던 기업들도 고객과의 끈끈한 유대관계를 바탕으로 화려하게 컴백할 수 있었다. 포드 머스

탱의 경우만 해도 그렇다. 포드 머스탱이 2005년 화려하게 부활할 수 있었던 것은 뭐니뭐니해도 미국 최초의 본격 대중 스포츠 카라는 고객의 인식 때문이었다.

2. 브랜드를 고객의 경험으로 만들어라 워리어 라크로스는 강력한 브랜드 파워와 고객의 브랜드 경험의 중요성을 잘 알고 있는 설립자 데이브 머로우 덕분에 미국에서 가장 잘 나가는 브랜드 중에 하나로 자리매김하고 있다. 바로 이 점이 내가 데이브 머로우와 메이저리그 라크로스에 관해 처음 얘기를 나눴을 때 그를 대단하게 생각했던 이유 중 하나이다.

그와 그의 아내 크리스틴은 이미 워리어 라크로스를 최첨단의 유쾌한 라이프 스타일을 추구하는, 그래서 많은 사람들이 열광하는 젊음의 브랜드로 만들기 위해 노력하고 있었다. 물론 워리어 라크로스의 주요 제품은 라크로스 장비와 스포츠웨어였지만 데이브는 브랜드를 하나의 라이프 스타일로 포장했다. 그래서 무한히 확장될 수 있는 브랜드로 자리매김할 수 있었다.

워리어 라크로스의 강력한 브랜드 파워를 눈치챈 스트리트 스마트 사업가는 나뿐만이 아니다. 데이브와 내가 메이저리그 라크로스의 출범을 위해 팀 로버트슨과 손을 잡은지 얼마 되지 않아 데이브는 또 다른 스트리트 스마트 사업가인 뉴 밸런스(고기능 운동화를 생산하는 글로벌 메이커)의 CEO 짐 데이비스로부터 매력적인 사업을 제안받았다. 최고의 라크로스 선수들이 디자인에 참여한 선수용 고기능 운동화인 '워리어 번'이 바로 그것이다. 이 운동화는 짐과 데이브의 합작품이다. 두 사람이 함께 운동화 디자인에 참여하면서 짐은 데이브가 매력적인 시장에 진출해 있음을 알게 되었다. 짐은 또한 워리어 라크로스 브랜드가 뉴 밸런스의 타깃 시장과 같은 젊은 선수들 사이에서 매우 인기가 높다는 걸 깨달았다.

그 후 보스턴에 있는 뉴 밸런스의 경영진과 짐은 워리어 라크로스와 데이브 미로우의 경영 비전에 반해 수백만 달러에 워리어 라크로스를 인수하고 데이브를 대표 자리에 앉혔다. 이 정도면 브랜드 파워에 대한 믿음을 보여주는 강력한 의사 표현이 아닐까 생각한다. 짐은 워리어 라크로스의 인수를 발표하는 자리에서 이렇게 말했다.

"워리어 라크로스는 미지의 세계를 두려워하지 않고, 변화를 선도하는 독창적이고 젊고 활기찬 브랜드입니다. 라크로스 챔피언이기도 한 창립자이자 사장인 데이브 머로우의 야심과 창의성, 의지가 담긴 브랜드입니다."

이 말을 다시 한 번 음미해 보라. 수십억 달러 규모의 거대 기업의 총수가 당신의 스트리트 스마트 신생기업에 대해 이렇게 평가한다면 어떤 기분이 들지 상상해 보라. 수백만 달러라는 엄청난 인수 금액에 관계없이 이런 평가를 받았다는 자체가 대부분의 사업가들에겐 중요한 의의가 있다. 단순한 하나의 기업이 아니라 강력한 브랜드를 구축하는데 성공했음을 인정받은 셈이기 때문이다.

그렇다면 브랜드는 어떤 가치가 있을까? 따지고 보면 결국 하나의 이름에 지나지 않을까? 틀렸다. 절대 그렇지 않다.

뉴 밸런스는 라크로스 장비를 생산하는 조그만 기업에 수백만 달러를 지불한 게 아니었다. 짐은 워리어 라크로스의 브랜드 파워를 믿었기 때문이다. 데이브 머로우는 스포츠 장비뿐만 아니라 경험을 창출함으로써 단순한 회사가 아니라 무한한 잠재력을 가진 브랜드를 만든 것이다. 데이브 머로우는 워리어 라크로스를 홍보하기 위해 수백만 달러의 광고료를 지출하지 않았다. 그 대신 그는 유행을 선도하는 젊은 운동선수들을 상대로 마케팅을 펼침으로써 입소문을 통해, 그리고 그의 제품을 착용하고 대중 앞에 나타나게 함으로써 그의 제품과 브랜드의 매력을 알렸다. 게릴라 마케팅이라고 해도 좋고 스트리트 스마트라고 해도 좋다. 그렇다면 이제 당신이 성공의 기쁨을 누릴 차례다.

3. 시장의 브랜드 충성도를 구축하라 그렇다면 데이브 머로우가 워리어 라크로스에서 이룬 것과 같은 기업의 브랜드 가치를 어떻게 구축할 수 있을까? 스스로가 브랜드 워리어가 되어야 한다고 생각한다. 브랜드의 중요성을 주창하고 시장 진출의 최선봉

에 서야 한다. 하지만 무엇보다 브랜드 가치에 대한 확고한 신념이 필요하다. 그렇다. 따지고 보면 비즈니스 브랜드는 당신이 자신의 일에 얼마나 많은 긍지와 자부심을 갖고 있는지, 자신의 상품과 서비스에 얼마나 많은 자신감을 갖고 있는지, 고객을 얼마나 소중하게 생각하고 고객과의 약속을 지키기 위해 얼마나 노력하는 지를 보여주는 척도이다.

따지고 보면 우리가 가진 가장 중요한 자산은 브랜드에 대한 명성과 우리 브랜드가 고객에게 불어넣는 신뢰이다.

고객과의 신뢰를 구축하라.

내가 윗몸일으키기나 팔굽혀펴기 같은 운동을 처음 만들어낸 사람은 아니지만 나의 고객들은 나의 운동방법을 신뢰했고, 즐겁고 유쾌한 방식으로 동기를 부여하는 내 능력을 믿었다.

오늘날 BBJ는 고객들과 편안한 관계를 유지하고 있다. 그 이유가 어쩌면 대부분의 고객들이 파자마 차림으로 잠자리에서 막 일어나거나 혹은 잠자리에 드는 시간에 TV 홈쇼핑 네트워크에 출연한 내 모습을 보았기 때문인지도 모르겠다. 그래서 고객들은 우리 브랜드에 대해 매우 친밀한 느낌을 갖고 있다. 고객들은 나를 믿기 때문에 우리 제품을 신뢰한다. 나 역시 우리 제품을 직접 만져보거나 테스트하지 않고 구입하는 고객들을 실망시키고 싶지 않다. 따라서 고객과의 신뢰가 절대적이다. 우리에 대한 신뢰가 없으면 고객들은 우리가 하는 말을 믿지 않는다.

BBJ 휘트니스 제품이 사용하기 쉽고 튼튼하며 믿을 수 있다는 평판을 들을 때 우리는 커다란 긍지와 자부심을 느낀다. 우리는 물론 고객들과 복근, 대흉근, 이두근 등을 키우는 방법에 대해서 주로 얘기를 하지만 BBJ가 가진 가장 큰 장점은 뭐니뭐니해도 우리 브랜드와 고객과의 관계다. 고객들은 스스로를 BBJ 가족의 일원으로 느끼고, 우리도 고객들을 우리의 가족처럼 생각한다. 물론 사업이기 때문에 우리는 수익을 추구한다. 하지만 우리는 또한 우리를 신뢰하는 고객들에게 뭔가 값진 것을 제공하기 위해 노력한다. 우리가 고객들을 생각하는 만큼 고객들도 우리를 생각하는 것이다.

스타벅스나 사우스웨스트 항공처럼 성공적이고 활력 넘치는 기업들을 보면 최고경영자로부터 일선 현장근로자에 이르기까지 그곳에서 일하는 모든 사람들은 뜨거운 열정을 지니고 있음을 느낄 수 있다. 내가 좋아하는 브랜드 중 하나가 ESPN인데 단순히 메이저리그 라크로스를 방영하는 TV이기 때문만은 아니다. 오래전 ESPN에서 내가 제작한 휘트니스 프로그램을 방영했던 시절부터 나는 ESPN과 좋은 관계를 유지해 오고 있다.

1979년 전직 스포츠 캐스터인 빌 라스무센과 그의 아들 스콧이 처음 ESPN을 설립했을 때 많은 회의론자들은 그들을 조롱했다. 생각해 보라. 1979년이면 그 어떤 종류의 24시간 TV도 없던 시절이었다. CNN도, HBO도, MTV도 없었다. 회의론자들은 그 누구도 24시간 동안 스포츠 방송을 시청하거나 광고를 내려고 하지 않을 거라고 말했다. 명심하라. 당신도 사업을 시작하면 틀림없이 이런 비관적인 말을 들을 것이다. 나도 FitTV를 처음 출범했을 때 그런 말을 들었고, 메이저리그 라크로스가 다섯 번째 시즌을 맞고 있는 지금도 그런 말을 듣는다.

오늘날 ESPN은 8,800만이 넘는 시청자를 확보하고 있다. ESPN의 최고경영진은 시청자와 고객, 팬들과의 관계에 '불을 붙이는' 방법에 관해 끊임없이 이야기한다. 내가 그들과 친하게 지내는 이유는 서로 비슷한 철학을 지니고 있기 때문이다. ESPN의 CEO인 조지 보덴하이머는 ESPN을 글로벌 기업으로 성장시킨 멋진 친구다.

ESPN은 스포츠를 매우 심각하게 받아들이는 기업 철학을 가지고 있으면서도 자기 자신에 대해서는 그다지 심각하게 생각하지 않는다는 점에서 매우 흥미로운 기업이다. ESPN은 언제나 설립자와 그의 아들이 24시간 스포츠, 뉴스, 정보 채널의 콘셉트에 열정적이었다는 사실을 잊지 않음으로써 ESPN만의 고유한 브랜드 정신을 유지한다.

결국 중요한 건 브랜드 가치에 대한 신념이다. 자신의 사업에 열정을 가지고 있으면 고객들과의 관계에 '불을 붙일 수 있다.' ESPN이 성공을 거둔 이유도 바로 그 때문이다. 의외로 잘 모르는 사람이 많지만 ESPN은 현재 ESPN Classic 등 25개 TV 채널을 포함해 ESPN Radio 등 40여 종류의 사업을 운영하고 있는 거대 글로벌 기업이다.

사업을 키우고 브랜드를 확장하길 원한다면 새로운 사업이 고객의 이익을 증진시키는 가를 철저히 조사해야 한다. 즉, 고객과의 '관계를 점검'해야 한다. BBJ는 언제나 이런 측면에서 새로운 기회를 바라본다. 새로운 사업이 건강하고 활기찬 라이프 스타일을 추구하는 우리 기업의 사명에 부합하는가, 고객에게 삶의 질을 향상시키는 더 많은 가치와 기회를 제공하는가 등을 꼼꼼히 따진다. ESPN도 이와 유사한 문제로 고민한다. 그들에게 가장 중요한 문제는 새로운 사업이 팬들에게 도움이 될 수 있는가이다.

고객에게 브랜드에 대한 신뢰를 심어 줘라.

고객은 브랜드를 매우 중시한다. 스트리트 스마트 사업가라면 고객이 그러는 것처럼 자신의 브랜드를 매우 소중하게 생각해야 한다. 글로벌 광고회사인 사치 앤 사치Saatchi&Saatchi는 Lovemarks.com이라는 웹 사이트에서 소비자들이 선호하는 브랜드에 대해 어떻게 느끼는 지를 조사한다. 이 사이트에는 수만 명의 방문객들이 아베크롬비&피치, 원더 브레드, BMW, 버드와이저, 슬러피즈, 오시코시 바이 고시 등 자신이 좋아하는 브랜드에 보낸 연애편지가 게시되어 있다. 이 사이트에 가보면 브랜드를 통해 고객과의 진실한 관계를 구축하는 게 얼마나 중요한 지를 직접 확인할 수 있다.

특정 브랜드에 애착을 갖고 있는 고객은 해당 브랜드에서 새로운 제품이 나오면 당장 그 제품을 구입할 가능성이 높다. 나는 홈쇼핑 네트워크에 출연해서 상품을 광고할 때 이러한 현상을 직접 목격한다. 애플도 아이튠스와 아이팟을 출시하면서 이런 현상을 알게 되었다.

두뇌 과학자인 도날드 캘른 박사는 감성과 이성의 커다란 차이점을 과학적으로 입증했다. 그는 "이성은 결론을 이끌어 내지만 감성은 행동을 이끌어 낸다"고 말한다. 브랜드를 통해 고객과의 장기적인 신뢰관계를 구축하면 구매 결정을 앞당길 수 있다.

1. 브랜드를 확장하라 글로벌 기업들은 대개 단 하나의 제품을 중심으로 브랜드를 구축하지 않는다. 코카콜라도 다양한 제품과 청량음료, 스낵 등을 통해 브랜드를 확장하기 위해 끊임없이 노력하고 있다. 코카콜라의 브랜드 관리팀은 건강하고 활기찬 라이프 스타일의 일부로 각각의 제품을 홍보한다. 2004 아테네 올림픽에서 내놓은 글로벌 광고 캠페인은 코카콜라의 브랜드 관리 철학을 잘 보여 준다.

"코카콜라는 올림픽 게임이 가장 숭고한 인간의 정신을 구현하는 장이라고 굳게 믿고 있습니다. 코카콜라는 우리 인생의 가장 소중한 순간들을 잘 아는 브랜드입니다. 올림픽과 코카콜라는 가장 숭고한 인간의 정신을 기리며 더 낳은 세상을 만들기 위해 함께 노력하고 있습니다."

코카콜라는 주력 브랜드인 코카콜라 이외에도 파워에이드 등 400종이 넘는 브랜드를 보유하고 있다. 중국에서는 도시 지역 젊은이들을 겨냥해 뛰어난 갈증 해소 기능을 갖춘 '천여지(天與地: '하늘과 땅'이라는 뜻으로 영문 표기는 Tian Yu Di)'라는 브랜드를 내놓았다.

우리 BBJ도 이와 같은 일을 해왔다. BBJ 브랜드도 단순히 하나의 제품에만 머물러 있지 않으며 보다 건강하고 활기찬 라이프 스타일을 추구하는 브랜드로 성장해 왔다. 이러한 라이프 스타일 브랜드는 우리가 끊임없이 다양한 종류의 신상품을 출시하면서도 건강한 브랜드 이미지를 유지하고 있는 비결이다.

이러한 브랜드 확장은 또한 기업이나 비즈니스가 사업주 또는 어떤 한 명의 개인과 지나치게 동일시되는 현상을 방지한다. 어떤 사람들은 이런 현상을 '마사 스튜어트 신드롬'이라고 부른다. 다른 사람의 불행을 즐기는 게 아니기에 이런 식의 용어를 좋아하지는 않지만, 마사 스튜어트의 추락은 우리들에게 시사하는 바가 크다.

그녀는 대단한 사업가이긴 하지만 세무당국과 마찰을 빚었고 내부자거래 등 불법행위에 연루되어 유죄 판결을 받았다. 결국 그녀가 이끌던 기업과 전 직원, 주주들이 엄청난 피해를 입었다. 그녀의 회사가 한 개인(창업자이자 회사 대표였던 그녀 자신)과 지나치게 동일시되었기 때문에 벌어진 일이다. 그래도 마사 스튜어트에게 공을 돌릴 필요가 있다. 워낙 건실하게 다져놓은 사업 기반 덕분에 그녀가 이끌던 기업은 마사가 채 형기를 마치기도 전에 다시 제자리를 잡았다.

나 역시 마찬가지다. 워낙 다양한 사업을 추진하다보니까 단독 비즈니스를 경영하는 사업 모델이 불가능해 보이기도 한다. 하지만 전설적인 헤어스타일리스트 비달 사순은 스트리트 스마트한 조치를 취했다. 나와 마찬가지로 비달 사순도 처음엔 할리우드의 유명인들을 상대로 사업을 하면서 유명세를 얻기 시작했다. 하나의 살롱에서 시작된 사업이 이제는 전 세계 미용업계를 선도하는 글로벌 기업으로 성장한 것이다.

비달 사순은 처음에 스스로가 기업의 얼굴로 활동하면서 자신의 이미지를 심은 고급 브랜드를 만들었고, 이후 각종 광고에서 젊은 모델을 기용함으로써 그 자신은 점차 무대 뒤로 물러났다. 창업자 개인의 한계를 넘어 회사가 계속해서 성장할 수 있도록 배려한 노련한 브랜드 마케팅이 아닐 수 없다. 그를 브랜드 마케팅의 귀재라고 부를 만하다. 철저하게 계산된 비달 사순의 퇴장처럼 나 역시 언젠가는 일선에서 조용히 물러나 나의 2세들에게 회사 경영을 맡기고 싶다.

2. 자신을 브랜드로 만들어라! 지금까지 우리는 기업과 제품, 서비스에 대한 브랜드 전략에 관해 살펴보았다. 하지만 명심해야 할 점은 이런 모든 것들이 결국 스트리트 스마트 사업가인 바로 당신으로부터 시작된다는 점이다. 자신의 이름을 걸지 않으면 정직하고 신뢰할 수 있는 제품이라는 점을 고객들에게 납득시킬 수

없으며, 결코 사랑받는 브랜드로 키울 수 없다. 당신 자신이 매력적인 브랜드가 돼야 한다. 당신이 고객이라도 신뢰할 수 있는 그런 브랜드 말이다.

사업 초기 어려움을 겪고 있다면 가장 먼저 자신의 브랜드 상태를 점검해 볼 필요가 있다. 일이 뜻대로 안 된다고 해서 환경이나 다른 사람들을 탓하지 마라. 자기 자신을 먼저 돌아봐라. 자신의 브랜드 인지도가 엉망일 가능성이 높다.

3. 자신의 브랜드 이미지를 지켜라　당신 자신의 브랜드는 사업가로서 내놓는 상품이나 서비스 브랜드보다 더 중요하다. 따라서 다른 사람들의 눈에 비친 자신의 모습을 되짚어봐야 한다. 자신만의 브랜드를 구축하기 위해서는 자신만의 가치와 원칙을 찾아야 한다. 이러한 가치와 원칙은 세상을 살아가면서 내려야 할 중대한 결정과 인생의 지침이 된다. 사업가가 이 점을 이해하지 못하면 언젠가 고객들이 아주 분명하게 깨닫게 해 줄 것이다.

브랜드 이미지를 만들고 고객과의 관계를 형성했다면 이제는 그 이미지에 부응해야 할 차례이다. 이미지에 부응하지 못하면 애써 고생한 보람도 없이 고객들로부터 외면받는다. 그렇다고 자신의 본심을 숨기고 다른 사람들의 기대에 부응하기 위해 자신을 희생하라는 얘기가 아니다. 자신에게 정한 높은 기준을 비즈니스에도 적용하라는 말이다.

얼마 전 우리는 정말로 괜찮은 휘트니스 기구를 개발한 한 회사와 거래를 했다. 내 이름을 빌려주기 전에 나는 그 회사에 제품의 몇 가지 개선을 요구했고 그들은 필요한 조치를 취하겠다고 약속했다. 얼마 후 그들은 내 요구에 맞는 시제품을 만들어 가지고 왔다. 우리는 시제품이 너무나 마음에 들어 상품 생산에 앞서 미리 광고 촬영에 들어갔다. 하지만 광고 촬영이 다 끝난 후에 나온 최종 상품은 너무 실망스러웠다. 그 회사가 우리를 속이고 개선을 하지 않은 것이다. 결국 나는 그 거래에서 손을 뗐다.

내가 만든 회사는 '내가 어떤 사람인 지를 보여 주는' 일부분이다. 단순한 사업이 아니라 나의 가치와 성실성을 보여 주는 것이다. 내 고객들은 나의 이런 신념을 잘 알고 있기에 나를 신뢰한다. 고객들은 내가 제품에 책임을 지는 정직한 사람이란 걸 알고 있다. 나 스스로가 제품의 얼굴이 되는 것이다. 자신의 명성과 브랜드를 높이 평가받으려면 자신이 내놓는 제품과 서비스에 높은 기준을 적용해야 한다.

Chapter 7

G r o w i n g   s t r o n g

성장을 위한 전략적 제휴

1992년 우리 회사 사장인 필 스코티의 입에서 '광고'라는 말을 처음 들었을 때 나는 놀라 자빠지는 줄 알았다.

"광고를 하자고? 지금 제정신인가?"

사실 필은 우리와 거래를 하는 한 휘트니스 기구 제조회사가 몇 분 전에 나에게 했던 말을 되풀이한 것이었다. 하지만 나는 우리의 휘트니스 제품을 광고를 통해 팔자는 제안을 도저히 따를 수 없었다. 그러나 필은 주장을 굽히지 않고 이렇게 말했다.

"이보게, 자네가 원하는 방식으로 광고를 내보내면 될 거 아닌가. 그러면 틀림없이 우리에게 도움이 될 거네."

일반 상품광고가 아닌 정보광고는 1984년 연방통신위원회

(FCC)가 정규 프로그램의 의무 방송 시간에 대한 규제를 폐지하면서 처음으로 전파를 탔다. 최초의 본격 정보광고는 사실상 방송시간을 1시간으로 늘린 것에 불과했다. 그 광고는 허벌 라이프 다이어트 보조제 광고였는데 허벌 라이프의 창업자인 마크 휴스는 1980년대 중반 나의 트레이닝 고객이었다.

뛰어난 세일즈맨인 마크는 호화로운 삶을 즐겼고(엘비스 프레슬리처럼 산다고 내가 놀리기도 했다) 그의 사업은 전 세계로 뻗어나갔다. 어느 날 나는 그에게 그의 다이어트 프로그램에 휘트니스 요소를 가미하는 게 좋을 것 같다고 넌지시 말했다. 며칠 후 그는 BBJ를 인수해서 나의 운동 프로그램을 함께 사고 싶다며 나에게 백지수표를 건넸다. 참으로 뿌리치기 어려운 제안이었지만 나는 내 이름과 브랜드를 팔고 싶은 마음은 전혀 없었다.

나는 항상 내 개인의 명예와 마찬가지로 내 브랜드도 소중하게 보호해야 한다고 생각한다. 내가 처음에 정보광고에 선뜻 나서지 않은 것도 그런 이유 때문이었다.

"우리가 왜 그런 일을 해야 하나?" 나는 필에게 물었다.

"자네가 원하는 방식대로 하면 될 거 아닌가?"

필은 언제나 스트리트 스마트의 전형인 시나트라의 말을 자주 인용하곤 한다. 필은 정보광고가 우리의 제품을 소비자들에게 직접 마케팅함으로써 사업을 키울 수 있는 기회라고 주장했다. 물론 품위 있게 한다면 말이다. BBJ 브랜드의 가장 큰 장점 중 하나는 나와 우리의 제품에 대한 고객의 신뢰다. 정성을 들인 정보광고는 고객과의 관계를 강화할 수 있는 계기가 될 것 같아서 나는 품위 있는 정보광고라면 한 번 해보자고 승낙했다. 1992년 정보 광고 제작사인 USA Direct와 처음으로 30분짜리 정보광고를 제작 했다. 광고 제품은 중량을 사용하지 않는 최초의 가정용 전신운 동기구인 펌플렉스FirmFlex였다. 방청객들이 구경하는 가운데 촬 영한 광고는 간단한 7가지 동작으로 20분간 매일 할 수 있는 운 동의 소개였다.

이제는 훨씬 더 다양하고 재미있게 정보광고를 만들 수 있지 만 그때 약간 미숙했던 게 사실이다. 그러나 처음 촬영치고는 꽤 잘했던 것 같다. CNN의 휘트니스 브레이크와 ESPN의 20분짜리 프로그램 등 수백 편의 프로그램을 진행한 경험이 있었기 때문에 카메라 앞에 서는 데 익숙했기 때문이었다.

하여튼 펌플렉스 정보광고는 딸아이 출산만큼이나 나에겐 커 다란 성공을 안겨 주었다. 무려 60만 개 이상의 제품이 판매되었 다. 미국에서 가장 많이 팔린 운동기구가 되었고 고객만족도 역 시 98%에 달했다. 누구의 간섭도 없이 우리 식으로 프로그램을 제작했고 결과는 기대 이상의 성공이었다. 더 놀라운 사실은 정 보광고라는 새로운 마케팅 방식이 사업 성장에 커다란 밑거름이 되었다는 점이다. 그야말로 모든 것을 뒤바꿔 놓은 획기적인 방 식이었다.

오늘날 정보광고는 전 세계적으로 1,540억 달러 규모의 사업으 로 성장했다. 광고 효과가 워낙 뛰어나다보니 제너럴 모터스, 코닥, 벤츠를 비롯한 여러 굴지의 기업들이 자체 프로그램을 제작한다. BBJ는 정보광고 분야의 개척자이자 모범적인 교과서로 인정받고 있다.

현재 우리는 약 50만 달러를 투입해 하와이를 비롯한 여러 곳에서 광고를 자체 제작하고 있다. 또한 전국 방송을 위한 방송 시간을 구입하는데 매년 20만 달러 이상을 투자한다. 자체 정보광고의 제작과 마케팅은 우리 사업의 주요한 성장 동력으로 자리매김했다. 또 다른 성장 동력은 홈쇼핑 네트워크였다.

우리가 홈쇼핑 네트워크(HSN)에서 제품을 판매한 지도 벌써 10년이 넘었다. 정말 매력적인 사업이 아닐 수 없다. 연예업과 소매업, 사람들과 교감하는 일이 모두 한데 어우러진 환상적인 경험이 아닐 수 없다. 과거엔 마을 광장의 한쪽에 자신만의 점포를 소유하는 게 손님들에게 자신의 상품을 직접 홍보하고 판매할 수 있는 유일한 방법이었지만 더 이상은 그렇지 않다. HSN에서 카메라 앞에 서면 수백만 시청자와 바로 연결되고 전화와 컴퓨터 시스템을 통해 고객들의 반응을 실시간으로 알 수 있다.

홈쇼핑을 진행하는 동안 고객들에게서 직접 전화를 받기 때문에 마치 내가 BBJ의 매장에 있는 것처럼 고객들과 직접 대화를 나눌 수 있다. HSN과의 제휴는 양사 모두에게 동반 성장의 기회를 제공했다. 우리가 지난 10년간 HSN에서 판매한 운동기구의 판매 규모만도 몇 백만 달러에 달한다.

대부분의 소규모 창업자들은 정보광고를 직접 제작하거나

HSN에 출연할 엄두를 낼 수 없겠지만, 자신의 상품과 서비스를 적극적으로 알릴 수 있는 혁신적이고 효과적인 방법을 모색해야 한다. 아직도 기회는 많기 때문이다.

끊임없는 성장

내 손으로 내 운명을 개척할 수 있다는 장점이 내가 사업을 하는 가장 큰 이유이다. 그리고 대부분의 스트리트 스마트 사업가들도 마찬가지이다. 아마 이 책을 읽는 독자들도 같은 생각일 거라 믿는다. 사업의 주도권을 놓치 않기 위해서는 사업을 성장시킬 수 있는 혁신적인 방안들을 끊임없이 모색해야 한다. 그렇지 않으면 언제라도 사업의 주도권을 놓칠 수 있다.

살아남기 위해서라도 성장해야 한다!

사업을 하는 매주, 매달, 매년이 새로운 성장 기회로 다가온다. 반면 비용도 늘어나게 마련이다. 따라서 수익을 늘리는 게 필수적이다. 소규모 창업자들은 대개 새로운 수익원을 창출하고, 증가하는 보험료를 감당하고, 경쟁에서 앞서는 일이 가장 큰 고민이다.

적극적으로 사업 성장에 매달리지 않으면 발빠르게 움직이는 경쟁업체에 뒤질 수밖에 없다. 경쟁은 반드시 필요하다. 강력한 라이벌과의 정정당당한 경쟁은 사업을 보다 건실하게 만든다. 할리우드에서 만난 많은 유명인들은 대부분 뛰어난 경쟁력을 갖춘 사람들이었다. 연예업계에서 살아남는 게 얼마나 힘든 일인지를 생각해 보면 놀랄 만한 일도 아니다. 정상의 자리에 오르기 위해 오랜 세월 갖은 고생을 했지만, 정상에 올라선 뒤에도 그 자리를 지키기 위해 치열한 경쟁을 벌여야 한다.

할리우드의 흥행 보증수표인 해리슨 포드도 그런 사람들 중의 한 명이었다. 그는 평범한 사람이었지만 불굴의 의지로 할리우드에서 가장 오랫동안 사랑받는 스타 중 한 명으로 우뚝 올라섰다. 영화 '인디아나 존스'에서 그는 주인공을 맡았고 나는 그를 개인 지도하면서 친한 친구가 되었다. 해리슨은 대기만성형 스타이다. 영화 속에서 미국과 은하계를 구한 영웅인 해리슨은 사실 시카고의 파크리지 고등학교에서 시청각 클럽의 멤버로 활동하던 평범한 학생이었다.

대학을 중퇴한 후 배우가 되겠다는 꿈을 안고 연기수업을 받아 할리우드에 진출했다. 처음 맡은 배역은 제임스 코번에게 전보를 전해주고 사라지는 벨보이 역할이었다. 배우로서 정기적인 역할을 맡기가 어려웠지만 캐스팅이 있을 때마다 그는 빠지지 않고 찾아다녔다.

"독약이나 날카로운 도구, 둔기로 나를 없애려는 사람들이

많았네. 그러나 나는 꼬리가 새로 나는 뱀처럼 다시 일어섰
지.”

그가 나에게 했던 말이다. 해리슨은 돌봐야 할 가족이 있었기
때문에 배역을 맡지 못하면 다른 일을 하려고 생각했다. 손재주
가 남달랐던 그는 목공일을 하기로 마음먹고 도서관에 가서 목공
에 관한 서적을 닥치는 대로 읽었다. 그리고 여러 가지를 만들었
다. 음악가 세르지오 멘데스의 레코딩 스튜디오, 여배우 샐리 켈
러만의 선데크(일광욕을 위한 발코니), 작가 존 그레고리 던의 서
가 등이 모두 그의 손을 거쳐갔다. 내가 할리우드 스타들의 휘트
니스 트레이너였다면 해리슨은 할리우드 스타들의 목공이었던
것이다.

스티븐 스필버그의 부탁으로 인디아나 존스 촬영 기간 내내
해리슨을 지도하면서 그를 처음 알게 되었다. 그가 팔굽혀펴기를
하는 동안 내가 점점 빨리 숫자를 세면 그는 결국 지쳐 나를 노려
보며 가족 영화에는 결코 나올 수 없는 험한 말들을 퍼부어댔다.
하지만 그는 내가 결코 자신의 의지를 꺾을 수 없다는 걸 보여 주
기 위해 끝까지 버텼다. 승부욕이 대단한 배우이다. 한 번은 런던
에서 촬영을 마친 어느 날, 해리슨은 중절모, 가죽 자켓, 채찍 등
인디아나 존스 의상을 렌터카 트렁크에 던져 넣고 나와 함께 숙
소로 차를 몰았다.
중간에 그는 내게 “술이나 한 잔 하자”고 제안했다. 술집에 들

어서면서 나는 영국인들이 그를 보고 어떤 반응을 보일지 무척 기대됐다. 손님들로 가득 찬 술집에 들어서자 사람들이 모두 우리를 쳐다보았다. 그런데 뜻밖에도 사람들은 해리슨이 아니라 나에게 관심을 보였다. 손님 중 한 명이 말을 걸어왔다.

"혹시 미식축구 선수 아니시오?"

공교롭게도 그 주 주말에 런던의 웸블리 스타디움에서 미국프로풋볼(NFL) 시범 경기가 열릴 예정이었다. 영국인들은 덩치 좋은 미국인인 내가 미식축구 선수일 거라고 생각한 것이다. 내가 채 아니라고 대답하기도 전에 그들은 내게 풋볼에 관해 질문 공세를 퍼부었고 나는 분위기에 취해 그들의 장단을 맞췄다. 사람들이 모두 내 주위로 몰려들었고 나는 기분이 좋아 그들 모두에게 술을 한 잔씩 돌렸다. 그리고 고개를 돌려보니 해리슨이 없었다. 나는 속으로 '먼저 숙소로 돌아갔군'이라고 생각했다. 하지만 몇 분 후 술집 문으로 들어서는 한 남자가 눈에 띄었다.

다름 아닌 해리슨이었다. 차로 돌아가 영화 의상을 입고 나타난 것이다. 그야말로 영화처럼 인디아나 존스 모자를 쓰고 손에는 채찍을 들고.

내가 영국인 풋볼 팬들에게 술잔을 돌리려고 보니 이미 내 주위엔 아무도 없었다. 모두들 해리슨에게 몰려간 것이다. 해리슨은 여봐란듯이 팬들에 둘러싸여 나를 짓궂게 바라봤다. 그는 진정 스트리트 스마트 인재이다.

경쟁은 나를 들뜨게 만든다. 스트리트 스마트 사업가라면 경쟁을 반겨야 한다. 사업을 시작하고 키우는 일이 쉽다면 누구나 사업가가 되었을 것이다. 사업은 가장 치열한 경쟁이 벌어지는 실세계의 스포츠다. 다른 스포츠와 마찬가지로 승리의 영광은 승리를 위한 창의적인 방법을 찾아낸 사람에게만 돌아간다. 사업의 어려움을 반겨야 하는 이유가 바로 이 때문이다.

경쟁은 경쟁심을 부추기고 창의성을 자극해 새로운 기회를 찾는데 도움을 준다. BBJ와 메이저리그 라크로스를 비롯한 나의 여러 가지 사업을 키울 수 있는 새롭고 흥미로운 방법에 대해 생각하는 일이 나에겐 힘과 열정을 불러일으킨다.

일이 술술 풀리면 좋겠지만 모든 일이 순조롭게만 진행되는 사업은 많지 않다. 대부분의 사업은 커다란 정원을 가꾸듯 정성들여 가꿔야 하는 생물이다. 씨만 심어 놓았다고 해서 화초들이 잘 자라기를 기대할 수는 없다.

대부분의 사업은 조그맣게 시작된다. 현재 미국의 거대 기업들 역시 대부분 그 시작은 미미했다. 델타 항공사는 단 한 대의 농약 살포 비행기로 시작된 사업이었고, 코카콜라는 애틀랜타의 한 약제사가 만든, 맛이 독특하고 향기로운 시럽이 그 기원이다. 1939년 빌 휴렛과 데이빗 팩커드라는 명석한 두 청년이 허름한 차고에서 단돈 538달러와 드라이버 몇 개를 가지고 시작한 사업이 현재의 휴렛팩커드가 되었다. 이들이 내놓은 첫 번째 제품 역시 시장에서 별다른 반응을 얻지 못했다. '저항-콘덴서 오디오 오실레이터'가 필요한 사람들이 몇 명이나 되겠는가? 두 사람은 이 제품이 오래 전부터 팔리던 물건이라는 인상을 심어주기 위해

'HP 모델 200A'라는 이름을 붙였다. 이들의 첫 대형 고객은 특수 음향시설이 설치된 극장에서 스피커를 테스트하기 위해 8대의 오실레이터를 주문한 영화 스튜디오였다. 새로운 만화영화의 개봉을 위해서였다. 그 고객은 다름 아닌 월트 디즈니였고 만화영화의 제목은 '판타지아Fantasia'였다.

> **|** 스트리트 스마트 사업가는 결코 포기하지 않는다!

역사 얘기를 별로 좋아하지 않는다면 현실을 얘기해 주겠다. 스트리트 스마트 사업가에게 현실은 그리 호락호락하지 않다. 절대 다수의 신생기업은 창업 후 몇 주, 몇 달, 혹은 몇 년 안에 문을 닫는다. 따라서 일단 사업을 시작했으면 사업 성장을 위한 길을 끊임없이 모색해야 한다. 사업을 시작했다는 의미는 험한 가시밭길에 뛰어들었다는 의미와 같다.

사업 성장을 위한 스트리트 스마트 요령

1. 성장을 위한 자금 마련 안타까운 현실이지만, 현금의 필요성은 사업 초기뿐만 아니라 회사 문을 닫는 그날까지 계속된다. 위험천만한 얘기로 들릴지 몰라도 어려운 시기에도 추가 자금을 투자해 장기적인 성장을 준비하는 게 바람직하다. 어려운 시기에

미래를 대비해야만 경기가 살아날 때 크게 성장할 수 있기 때문이다.

사업 성장에 필요한 자금을 확보하는데 있어 한 가지 희소식은 일단 사업이 본궤도에 오르면 은행을 비롯한 금융기관으로부터 돈을 빌리는 게 훨씬 쉬워진다는 것이다. 현금흐름이 안정되고 고객 기반과 재고, 자산이 탄탄할수록 대출은 더 쉬워진다. 우리 BBJ는 장기적인 성장을 위해 투자은행과 벤처 캐피털 그룹과 정기적으로 회의를 개최한다. 그러나 나는 회사의 지분 인수에 관심을 보인 투자자들의 제안은 모두 거부했다.

세상에 공짜란 없다는 말을 명심해라. 특히 돈 문제에 있어선 더욱 그러하다. 하지만 유능한 투자자들을 만나는 일은 즐거운 경험이다. 그들의 생각을 알고, 의견을 듣는 일은 흥미로운 일이기 때문이다.

2. 신제품과 브랜드 개발 사업 성장 방안 중의 하나는 끊임없는 신제품 개발과 브랜드 개발이다. 나에겐 참으로 흥미진진한 주제들이다. 물론 거래를 위한 거래를 해서는 안 된다. 새로운 제품과 브랜드가 자신의 사업과 흥미에 잘 맞는지, 브랜드와 회사의 매력을 증가시킬 것인지 꼼꼼히 따져봐야 한다. 성장을 위한 새로운 시도를 두려워해서도 안 되지만 그렇다고 지나친 욕심으로 무리하게 사업을 확장하거나 기업의 성장에 해를 끼쳐서도 안 된다.

현재 우리와 사업을 같이 하길 원하는 개인이나 기업으로부터 걸려오는 전화만도 하루에 30통이 넘는다. 이들이 하는 말을 모두 곧이곧대로 믿지는 않지만 우리는 모든 제안에 귀를 기울인다. 사업 성장에 도움이 될 수 있는 신상품이나 브랜드에 대한 아이디어가 언제 어디서 생길지 모르기 때문이다.

BBJ 스포츠 웨어의 라이센스 거래를 위해 우리에게 접근하는 회사는 많았지만 적당한 파트너를 만나지 못해 지금까지 본격적으로 뛰어든 거래는 단 한 건도 없었다. 이 책을 집필하는 동안 BBJ 휘트니스 제품의 독점 소매 파트너가 되길 원하는 한 스포츠 용품 회사와 체인점 사업을 논의했다. 지금까지 우리는 휘트니스 제품을 소매 시장에 적극적으로 내놓지 않았었다.

이번 독점 브랜드 계약이 성사되면 벤치 프레스에서 유산소 운동기구에 이르기까지 다양한 BBJ 휘트니스 제품을 구입할 수 있는 소매 체인이 탄생하게 될 것이다. 이 업체는 전국에 천여 개가 넘는 체인점을 보유하고 있는 탄탄한 기업이기 때문이다. 서로 도와 브랜드 구축에 나선다면 더 많은 고객들이 점포로 몰릴 것이다.

자체 브랜드로 신제품을 생산하거나 전혀 새로운 브랜드를 만들어 사업을 확장하는 사업가나 기업주가 나쁜 만은 아니다. 바닐라 코크나 민트향 타이레놀처럼 잘 알려진 톱 브랜드들조차 이런 식으로 사업을 확장한다.

타이레놀을 만든 제약사는 젊은 소비자 층에 대한 시장 점유

율을 높이기 위해 민트향 타이레놀을 개발했고, 〈포춘〉지에 따르면 제품 홍보를 위해 스케이트보드 경기, 브레이크 댄스 경연대회, 스노우보드 시범경기 등의 행사에 250만 달러를 쏟아 부었다고 한다. 브랜드 확장을 통해 성장 동력을 마련한 대표적인 예는 크리스피 크림 도넛 프랜차이즈가 내놓은 신제품이다. 직업이 직업이다 보니 칼로리 높은 도넛을 그다지 즐기는 편은 아니지만 (칼로리가 없는 도넛 안의 구멍만을 먹는다) 이 신제품은 내 눈길을 사로잡았다. 크리스피 크림에서 탄산음료를 내놓을지 누가 상상이나 했겠는가?

> 가장 큰 리스크는 어떤 리스크도 감수하려 하지 않는 것이다!

지난 몇 년간 크리스피 크림은 프랜차이즈 점포 수를 늘리고 식료품점과 컨벤션 상점에 간이매점을 설치하면서 엄청난 성장과 인기를 경험했다. 그러다 사업이 점차 시들해지자 그들은 마실 수 있는 도넛인 '프로즌 오리지널 크림'이라는 기발한 신제품을 내놓으면서 성장에 다시 불을 지폈다. 밀가루 반죽으로 만들었건 마실 수 있는 도넛이건 ―크리스피 크림을 광고하려는 건 아니지만― 어쨌든 그들은 지속적인 성장을 위해 고정관념을 탈피한 기발한 제품으로 과감한 승부수를 던진 것이다. 이런 시도는 높이 칭찬할 만하다. 앞뒤를 재지 않는 무모한 도전은 금물이지만 그렇다고 새로운 도전을 두려워해서도 안 된다.

브랜드라는 말은 사실 옛날 카우보이들이 목장에서 기르는 소에 찍는 낙인에서 유래했다. 그래서 "화로에 인두가 많다"는 말은 낙인을 찍어야 할 소가 많다는 뜻이었다. 사업 성장을 위해서는 화로에 인두가 많을수록 좋다. 문제는 사업이라는 화로를 어떻게 계속해서 활활 타오르게 만드느냐이다.

가장 좋은 예가 애플사의 CEO 스티브 잡스다. 자신이 공동 창업한 애플에 복귀하자마자 잡스는 위기에 빠진 회사를 다시 일으켜 세웠다. 비용을 절감하고 제품군을 단순화하기도 했지만 더 높게 평가할 만한 일은 애플의 이미지를 재창출했다는 점이다. 컴퓨터와 수프트웨어를 생산하는 기업이라는 이미지에서 탈피해 멋지고 혁신적이며 잘 설계된 각종 제품을 생산하는 기업의 이미지로 변신을 꾀한 것이다. 애플은 이제 최첨단 컴퓨터뿐만 아니라 디지털 음악과 무선 기지국, 영화·음악 제작용 소프트웨어에 이르기까지 다양한 분야의 선두기업으로 자리를 잡았다. 〈비즈니스 위크〉는 이에 대해 다음과 같이 보도했다.

소매 시장에서 입지를 강화하고 있는 애플은 아이팟이라는 제품을 통해 여성과 어린이를 포함해 일반적인 PC 구매자가 아닌 잠재 고객층의 뇌리에 애플에 대한 인식을 확실하게 심고 있다.

이런 걸 흔히 '후광 효과'라고 한다. 선풍적인 인기를 끈 신제품 아이팟의 후광 덕분에 다른 애플 제품들이 더욱 빛을 발하며 시장 점유율을 높여가고 있기 때문이다. 사업 성장을 위한 방안으로 새로운 제품과 브랜드를 생각해야 하는 또 다른 이유다.

3. 온라인 사업과 새로운 시장 개척 1990년대 중반 비즈니스계의 가장 큰 화두는 고객을 위한 웹 사이트를 운영하지 않으면 뒤쳐지게 될 것이라는 인식이었다. 과거 서부개척 시대에 캘리포니아에 불었던 골드러시의 재판이었다. 우리 회사를 비롯해 브랜드 인지도가 높은 기업들에는 마케팅 전문가들의 전화가 빗발쳤다.

"오프라인 비즈니스 시대는 끝났습니다! 이제 온라인으로
사업을 하지 않으면 6개월도 안 돼 사업을 접어야 합니다."

이들은 모두 하루빨리 BodyByJake.com 도메인을 확보하고 웹 사이트를 구축하라고 우리를 귀찮게 졸라댔다. 도메인을 상장해 금세 수백만 달러를 벌어들일 속셈이었다. 솔직히 나도 조바심이 났던 건 사실이다. 구식이라고 놀려도 할 수 없지만 나는 기업이 시장에서 생존 가능성을 증명할 수 있는 수익을 내기 전까지는 제아무리 닷컴 기업이라 하여도 주식을 팔아서는 안 된다고 믿는 사람이다. 당시 많은 신생기업들은 겉만 번지르르했지 실속이 없었다. 90년대 중반 불어닥친 닷컴 열풍은 땅 아래 무엇이 있는지 알아보지도 않고 무조건 땅을 파헤친 서부개척 시대의 골드러시처럼 많은 사람들에게 재앙으로 끝났다. 나는 그때 벤처 자본가

들의 끈질긴 유혹의 손길을 과감히 뿌리쳤다.

물론 인터넷이 사업 성장을 위한 효과적인 수단이긴 하지만 닷컴 열풍에 뛰어들기 위해 회사의 자산을 팔 수는 없는 노릇이다. 우리는 BodyByJake.com이라는 도메인을 확보하고, 다른 모든 일과 마찬가지로 최대한 신중하게 웹 사이트를 구축했다. 우리는 웹 기반 사업의 지분을 팔아 단기적인 수익을 노리기보다는 웹 마케팅을 회사의 다른 부분과 통합해 장기적인 수익을 얻기 위해 노력했다. 우리는 1997년 처음 웹 사이트를 구축한 이래 엄청난 수익을 올렸다.

오늘날 우리 제품의 20% 이상이 웹 사이트를 통해 온라인에서 판매되고 있으며 이 비율은 매달 증가 추세에 있다. 반면에 당시 닷컴 열풍에 동참했던 DrKoop.com 같은 회사는 투기자본에 의해 기업 가치가 하늘 높은 줄 모르고 치솟는 반짝 성공을 거두었다. 〈포춘〉지를 비롯한 여러 언론 보도에 따르면 전 공중위생국장의 이름을 딴 DrKoop.com은 150만 달러가 안 되는 수익을 거뒀지만, 이 회사의 주식에 열광한 투자자들 덕분에 기업 가치는 무려 13억 달러까지 치솟았다. 그러나 채 1년도 안 돼 기업 가치는 90% 이상 추락했다. 덕분에 치고 빠지는 전략을 구사했던 벤처 자본가들은 많은 돈을 벌었지만 수백만 명의 일반 투자자들은 수십억 달러를 날렸다.

그러나 닷컴 거품은 나쁜 결과만 남긴 것은 아니다. 실제적인 가치가 있어야 회사가 번영할 수 있으며, 온라인 사업이 브랜드 강화에 도움이 되고, 오프라인 사업에도 커다란 시너지 효과를 일으킬 수 있음을 알려 주었다. 정보광고가 여전히 우리의 주력 마케팅 수단이긴 하지만 인터넷이 성장을 위한 기회의 땅임에는 틀림없다. 물론 이제는 이런 말이 더 이상 새로운 것도 아니다.

온라인 시장에 뛰어들기 위해 컴퓨터 전문가가 될 필요는 없다. 인터넷의 장점이 바로 이것이다. 인터넷과 전자상거래는 사업 성장을 위해 많은 비용을 투자할 수 없는 소규모 창업자나 스트리트 스마트 사업가들이 쉽게 이용할 수 있는 방법이다. 온라인 매장을 여는데 많은 돈이 필요한 것도 아니고 자바나 유닉스 등이 뭔지 몰라도 상관없다. 나도 컴퓨터에 대해서는 잘 모른다. 웹 전문가들의 도움을 받으면 많은 비용을 들이지 않고도 웹 사이트를 구축해 온라인에서 제품이나 서비스를 판매할 수 있다. 인터넷은 소규모 업체가 덩치 큰 기업들과도 당당히 경쟁할 수 있는 비즈니스 수단이다.

Amazon.com, eBay, Travelocity.com과 같은 대형 온라인 회사들 덕분에 바쁜 생활에 쫓기는 현대인들이 온라인 쇼핑과 신용카드 결제에 익숙해졌다. 인터넷은 스트리트 스마트 사업가들에겐 예전엔 꿈도 꿀 수 없었던 전례 없는 성공의 문을 열어 준 것이다. 당신이 1963년형 포드 부품이나 문 닫은 백화점에서 구한 구식 옷, 청설모로 만든 가발을 파는 희귀한 사업을 한다고 할지라도 그것을 간절히 구하는 사람을 만날 수 있는 가장 좋은 공간이 바로 인터넷이다. 일단 웹 사이트가 어느 정도 자리를 잡으면 인터넷의 놀라운 마력이 발휘된다. 누군가 당신이 취급하는 상품에 대한 글을 구글이나 야후에 입력하기만 하면 당신은 새로운 고객을 확보한 것이나 마찬가지다.

　사업을 키우길 원하는 스트리트 스마트 사업가라면 이제는 '넷 사업가'가 되어야 한다. 당신이 어떤 사업을 하건 -콜라를 팔건 음반을 제작하건 풀장을 청소하건- 인터넷을 전화번호부나 쇼핑몰로 사용하는 사람들이 점점 더 증가하고 있다는 사실을 알아야 한다. 특히 소규모 사업체의 경우에는 인터넷이 대형업체들과도 공정하게 경쟁할 수 있는 장이다. 전 세계 인구를 상대로 하기 때문에 고도로 전문화된 틈새시장까지도 파고들 수 있다. 소비자 시장은 하나의 커다란 정글과도 같다. 하지만 전자상거래 덕분에 더 이상 사자나 호랑이가 주인 행세를 할 수는 없다.

　아마존닷컴의 경우를 보자. 아마존닷컴은 전국의 출판시장을 장악한 대형 서점들과 경쟁할 수 있는 온라인 서점으로 출발했다. 아마존닷컴이 무섭게 시장을 잠식하자 대형 서점들은 부랴부랴 온라인 서점을 만들었다. 아마존닷컴은 매장을 만들 필요도, 매장에 직원을 둘 필요도 없기 때문에 경쟁에서 앞서 나갈 수 있었다.

　경쟁에서 앞서 나가기 위해서는 자신만의 웹 사이트를 구축해야 한다. 사람들은 과거엔 웹 디자이너를 고용했지만 이제는 단계별로 안내된 지시에만 따르면 쉽게 나만의 웹 사이트를 만들 수 있는 무료 사이트가 수없이 많다. 명심하라. 당신의 웹 사이트는 수백, 수천, 그 이상의 사람들이 당신의 사업에 대해 알게 되는 통로이다. 그러니 웹 사이트를 제대로 만들 필요가 있다. 판매, 결제, 배송 문제를 온라인으로 처리할 작정이라면 웹 사이트를 만드는 일이 훨씬 더 복잡해진다.

한 가지 당부하고 싶은 말은 일단 웹 사이트의 용도를 정했으면 가능한 한 빨리 도메인을 등록하라는 것이다. www.internic.com이나 www.register.com 같은 도메인 등록 서비스를 이용하면 된다. 이러한 사이트에서 자신이 원하는 이름을 검색해보면 이미 사용 중인 이름인지도 알 수 있다.

4. 고객을 웹으로 유도해라! 웹 사이트를 갖는 게 사업 성장에 어떻게 도움을 줄까? 우선은 웹 사이트가 효과적인 광고 및 마케팅 매체라는 점이다. TV나 라디오, 신문에 광고를 내는 것보다 훨씬 더 저렴하고 신속한 광고 효과를 볼 수 있다. 또한 인터넷은 대형업체들과도 공정한 경쟁을 벌일 수 있는 공간이다. 물론 인터넷에서 같은 물건을 파는 업체가 워낙 많다보니 다른 업체와의 차별화 전략이 필요하다. 가만히 앉아서 주문이 들어오기만을 기다려서는 안 된다. 창의적이고 적극적으로 판매에 나서야 한다.

> 이메일이 편리하긴 하지만, 그렇다고 무미건조한 이메일에만 의존하지 말라. 수화기를 들어라!

- 급하게 이메일을 썼다가 받은 사람에게 오해를 산 적이 있는가? 서로 상대방의 얼굴을 보거나 목소리를 듣지 않기 때문에 자주 있는 일이다. 비즈니스 웹 사이트를 만들 때는 이 점을 명심해야 한다. 인터넷이 매우 편리하고 효과적인 비즈니스 수단이긴 하지만 때로는 직접 만나거나 전화 통화도 필요하다. 이메일에 지나치게 의존해서는 안 된다. 중요한 대화는 전화 통화를 하는 게 더 낫다.

- 좀 어려운 얘기긴 하지만, BBJ와 라크로스에서 일하는 웹 전문가들의 말을 들어보면 자체 웹 사이트를 구축한 상당수의 업체가 세일즈 기회를 스스로 차단하는 심각한 실수를 저지른다고 한다. HTML 코드에 메타 태그나 타이틀 태그를 삽입하는 걸 깜빡해 검색 엔진의 결과에 포함되지 않아 많은 잠재 고객을 놓친다는 것이다. 전자상거래가 보통 50%의 웹 검색을 통해 얻는다는 사실을 생각해보면 정말로 큰 실수가 아닐 수 없다.

- 제작이 끝난 웹 사이트는 고객에서 선보이기에 앞서 꼼꼼히 테스트한다. 흔히 발생할 수 있는 문제가 없는지 주의 깊게 살펴야 한다. 사람들이 당신의 사이트를 방문해 원하는 걸 찾을 수 없거나 주문이 제대로 되지 않으면 곧바로 경쟁사의 사이트를 찾아갈 것이다.

- 일단 웹 사이트가 완성되면 고객들에게 알린다. 돈과 시간을 들여 멋진 웹 사이트를 만들어놓고도 고객들이 모른다면 무슨 소용이 있겠는가? 우리는 사람들이 인터넷에서 우리를 찾을 수 있도록 TV나 인쇄물에 우리의 웹 사이트 주소를 게재한다. 매우 중요한 문제이다. 우리가 해보니 온라인은 TV와 인쇄물에 적극적으로 홍보할 때 가장 큰 효과를 보인다.

- 온라인에서 주문이 폭주할 경우를 대비하라. BodyByJake.com이 처음 개설되었을 때 주문이 폭주해 서버가 마비되고 서부 해안 전체에 정전 사태가 발생했다. 거짓말을 조금 보태긴 했지만, 실제로 비품실의 전구가 나갔던 건 사실이다. 스트리트 스마트 인터넷 사업가가 새롭게 구축한 웹 사이트에 방문자가 폭주해 서버가 마비되었던 사례는 많이 있다. 그러므로 수요 증가에 어떻게 대응할 것인지에 대한 계획을 미리 세워야 한다.

- 업데이트를 게을리 하지 마라! 웹 사이트에 아무리 공을 들여도 7월에 부활절 달걀을 판매한다면 아무 소용이 없다. 인터넷에서 마케팅을 할 때는 업데이트에 신경을 써야 한다. 웹 사이트의 정보와 디자인을 항상 최신 상태로 유지해야 고객들이 계속 찾는다. 또한 타깃 고객과 시장을 항상 염두에 둬야 한다. 온라인 고객의 성향을 파악하고 그들이 즐겁게 웹 사이트를 이용할 수 있도록 만들어야 한다.

이베이에서 사업을 키워 보자. 오프라인 사업을 운영하면서 자체 웹 사이트까지 갖추었다 하여도 세계에서 가장 큰 온라인 벼룩시장이자 경매장인 이베이를 그냥 지나칠 수는 없다. 이베이를 이용하고 있는 50만 사업가가 모두 바보일 리는 없지 않은가? 전 세계 28개 사이트에서 매년 약 150억 달러의 매출을 올리고 있는 시장을 개척해 보고 싶지 않은가? 이렇게 엄청난 시장에 진출하려는 스트리트 스마트 사업가들이 모이는 이베이는 지금도 급성장을 거듭하고 있다. 이렇게 기발한 전자상거래 아이디어를 왜 내가 먼저 생각해내지 못했을까?

이베이는 구매자와 판매자를 연결하는 실용적이고 기발한 방법이다. 자신이 취급하는 제품이나 서비스가 이베이의 방대한 모델에 적합하다면, 그리고 기꺼이 이베이를 제대로 사용하는 방법을 배울 용의가 있다면 이베이를 사업에 이용하는 것도 나쁠 게 없다.

이베이는 특히 도서나 DVD, 특별 이벤트 티켓, 부동산, 수집품, 컴퓨터 소프트웨어 및 하드웨어, 의류, 가정용품 및 조경 장비, 산업 장비, 사무용품 등을 판매하기에 좋은 곳이다. 살아 숨쉬는 글로벌 마켓 플레이스의 결정판이라고 할 만하다.

전략적 제휴

앞서 나는 BBJ가 소매시장으로 브랜드 영역을 확대하기 위해 스포츠용품 체인과 손을 잡는 방안을 고려하고 있다고 말했다. 이런 관계를 '전략적 제휴'라고 한다. 자기 기업의 부족한 점을 보완해 줄 수 있는 다른 업체와 손을 잡는 것은 제휴 조건에만 주의를 기울인다면 성장을 위한 또 다른 좋은 방법이다.

다만 두 기업이 서로 잘 맞는지 확인하는 절차가 필요하다. 이를 위해 내가 주로 사용하는 비과학적인 방법은 '상대방 업체의 경영진과 주말을 함께 보내고 싶은가'를 생각하는 것이다. 그들이 스트리트 스마트하고 윤리적으로 사업을 운영하는 정직한 사람들이라면 나는 대개 그들과 손을 잡는 일에 적극적이다. 전략적 제휴는 거래를 통해 두 기업이 모두 혜택을 볼 때만 효과를 발휘한다.

BBJ는 홈쇼핑 네트워크와 오랫동안 성공적인 제휴 관계를 맺어왔다. 그들은 우리를 수많은 고객들과 연결시켜 줬으며 우리는 그들의 가장 우수한 고객 중 하나다. HSN에서 만난 좋은 사람들 중 한 명은 HSN에서 사장 겸 COO(최고 영업책임자)로 근무하다 몇 년 전 랜즈 엔드Lands' End사의 대표로 자리를 옮긴 데이빗 다이어다.

데이빗은 과거에 랜즈 엔드에서 근무한 경험이 있었는데 랜즈 엔드 측에서 그의 능력을 높이 평가해 어려움에 빠진 회사를 회생시킬 인물로 그를 다시 영입한 것이다. 흥미롭게도 데이빗은 시어스Sears사가 랜즈 엔드를 인수하는 거래를 성사시킴으로써 회사를 회생시키는데 성공했다. 단 1년만에 회사를 정상화시킨 데이빗은 곧바로 또 다른 스카우트 제의를 받는다. 세계적인 의류 디자이너이자 제조업자인 토미 힐피거가 그를 영입한 것이다.

나는 데이빗에게 전화를 걸어 라크로스와 전략적 제휴를 맺는 문제로 토미 힐피거를 직접 만날 수 있도록 자리를 마련해 달라고 부탁했다. 라크로스는 인디언들이 평야에서 벌이던 게임에서 유래해 오랜 역사를 자랑하는 게임이지만 유니폼은 정말 볼품이 없었다. 두 발로 뛰는 가장 빠른 게임을 하면서도 유니폼의 디자인은 답답하기 그지없었다. 획기적인 라크로스 유니폼 디자인을 원했던 나는 토미가 그 일을 해줄 적임자라고 생각했다.

그러나 데이빗은 내가 예상했던 반응을 보였다.

"제이크, 나는 여기 온지 얼마 안 됐네."

"이보게, 자네가 이름을 날릴 수 있도록 도와주려는 거네. 토미 힐피거에게도 깊은 인상을 남길 수 있는 좋은 기회 아닌가."

나는 라크로스 유니폼을 새롭게 바꾸고 싶고, 라크로스가 새롭게 각광받는 종목이라 토미 힐피거도 틀림없이 관심을 보일 거라고 데이빗을 설득했다. 데이빗은 내 의견에 동의하고 토미 힐피거를 만날 수 있도록 자리를 주선해 주었다. 토미 힐피거는 그의 고향인 뉴욕 엘마이라에서 첫 사업으로 문을 연 의류점이 지나치게 앞서가는 디자인 때문에 실패를 경험했지만 결국 세계적인 기업을 일궈내는데 성공한 인물이다.

뉴욕에 있는 그의 사무실을 찾아갔을 때 토미는 블레이저 코트에 테니스 운동화를 신은 캐주얼한 옷차림이었다. 토미가 스포츠 유니폼을 디자인하는 걸 꺼려할지 모른다는 생각에 나는 열심히 프레젠테이션을 준비했다. 라크로스가 젊은 층에서 가장 인기 있는 스포츠라는 사실을 집중적으로 부각시킬 작정이었다. 하지만 내가 막 입을 열려는 순간 토미가 내 말을 가로막았다. 그리고 아주 이상한 일이 벌어졌다. 토미가 내게 자신의 사업을 홍보하는 게 아닌가! 자신도 모르는 사이 너무도 완벽한 사업 기회를 잡았을 때 일어나는 기묘한 순간 중에 하나였다.

1992년 어느 날 그의 디자이너 중 한 명이 뉴욕 레인저스(미국 프로 아이스하키 팀)의 유니폼을 들고 자신에게 찾아왔다고 한다. 레인저스의 로고 대신에 토미 힐피거의 엠블렘을 가슴에 디자인한 유니폼이었다. 토미가 물었다.

"이게 뭔가?"

"제가 새로 디자인한 제품입니다. 소매 가격으로 148달러에 판매할 생각입니다."

토미는 자신의 이름이 들어간 아이스하키 유니폼을 입을 사람이 과연 있을까 싶었다. 그래서 그 디자이너에게 잘 될 것 같지 않다고 말하면서도 어쨌든 한 번 시도해 보라고 지시했다. 쉽게 포기할 줄 몰랐던 그 디자이너는 '게릴라 마케팅'을 시도했다. 일단 토미 아이스하키 유니폼을 뉴욕의 블루밍데일즈 백화점 매장에 전시해 놓고 쇼핑객들의 반응을 살피기로 했다. 그런데 채 몇 시간도 지나지 않아 백화점에서 전화가 왔다.

"물건을 좀더 보내주세요!"

토미 아이스하키 유니폼은 스눕 독과 같은 힙합 아티스트와 여러 대중가수들이 입기 시작하면서 전국의 젊은이들 사이에 선풍적인 인기를 끌었다. 토미는 이 제품이 무려 수십억 달러의 사업으로 성장했다고 나에게 말했다.

그러다 하키 유니폼의 열풍이 시들해지자 그는 다른 스포츠 종목에서 새로운 제품을 만들 생각을 하고 있었다고 한다. 그러면서 그가 이런 말을 했을 때 나는 정말 깜짝 놀라 자빠지는 줄 알았다.

"제이크씨, 오늘 이렇게 와주서서 정말 감사합니다. 타이밍이 기가 막히네요. 라크로스가 우리의 다음 디자인 콘셉트에 딱 들어맞을 것 같습니다."

와우! 나는 순간 할 말을 잃었다. 토미는 라크로스 리그의 주요 스폰서가 되기로 동의했고, 우리의 전략적 제휴 관계를 발전시킬 멋진 계획까지 내놓았다. 토미는 나만큼이나 들뜬 기대를 감추지 못했다. 그는 라크로스 웨어를 직접 디자인해 최고의 가수와 영화배우들을 동원해 홍보에 나서겠다고 했다. 귀가 번쩍 뜨이는 제안이 아닐 수 없었다.

〈포춘〉지에서 선정하는 세계 500대 기업이건 500달러짜리 신생 기업이건 전략적 제휴는 성장을 위한 유용한 수단이다. 시장을 확대하고 신제품을 개발하고 비용을 절감하고 하나의 기회가 또 다른 기회를 낳도록 도와 준다.

스트리트 스마트 사업을 위한 전략적 제휴 원칙

1. 제휴 당사자는 거래를 통해 원하는 바를 정확히 이해해야 한다. 모두가 결과에 만족할 때까지 계약서에 서명해서는 안 된다.

2. 상대방을 알아라. 전략적 제휴의 조건을 설정하기에 앞서 상대방의 문제와 과제, 재정 상태를 알아야 한다.

3. 계약서에 서명하기 전에 변호사의 검토를 거치도록 한다.

4. 계약서에 권리 사항(예: 소유권, 라이센스, 제조 및 유통 권리)을 분명하게 규정하고, 전략적 제휴를 통해 개발되는 기술이나 제품, 애플리케이션의 권리를 누가 갖는지 분명히 한다.

5. 계약 만료 시기와 방법, 사유를 분명히 하고 라이센스, 생산 또는 유통 권리가 제휴 기간 이후에도 계속될 것인지 여부를 명시한다.

6. 회사의 사장은 당신이지만 전략적 제휴는 직원들 모두에게 영향을 미치므로 계약서에 서명하기 전에 그들의 동의를 얻거나, 아니면 그들이 반대하는 이유를 파악하라. 그렇지 않으면 전략적 제휴는 소기의 목적을 달성하기 어렵다.

7. 덩치 큰 상대편이 당신을 이용하게 내버려두지 말아라. 당신이 제휴 관계에서 상대편보다 덩치가 작다고 해서 부당한 대우를 받거나 욕심을 부려서는 안 된다. 어느 쪽이건 당신을 곤경에 빠뜨릴 것이다.

나는 전략적 제휴가 사업 성장을 위한 훌륭한 방안 중 하나라고 굳게 믿는다. 하지만 동업 관계는 연인 관계와도 같다. 상대방에 대해 잘 알고 있어야 한다. 앞서 제시한 원칙을 따르기 전에 다음과 같은 질문을 스스로에게 던져라.

- 당사자 중 어느 한쪽에 문제가 될 수 있는 사안은 무엇인가?
- 타이밍은 적절한가?
- 양사의 경영진 간에 상호 신뢰와 존중이 있는가?
- 제휴가 소기의 목적을 달성하지 못할 경우 성장과 활동, 계약 파기의 여지를 남겨 두었는가?
- 양사의 이견을 법적 분쟁 없이 원만하게 처리할 수 있는 장치가 마련되어 있는가?
- 책임 소재와 권한을 분명히 해두었는가?

- 이번 제휴가 양쪽 모두에게 도움이 되는 윈-윈 거래인가?
- 직원과 공급업체, 고객은 이번 제휴에 대해 어떻게 생각하는가?
- 이번 제휴에 대한 당신의 느낌은 어떤가?

특히, 마지막 질문은 사업가로서의 생존이 걸려 있는 매우 중요한 문제이다. 사업 초기 자신의 직감을 믿고 성공을 거뒀던 스트리트 스마트라고 자부하던 사람들이 더 이상 자신의 직감을 신뢰하지 않아 실패의 나락으로 떨어지는 경우를 수없이 보았다.

"더 이상 누구도 그곳에 가지 않는다. 그곳은 너무 붐빈다!"는 요기 베라(미 프로야구 역사상 가장 위대한 포수 중의 한 명으로 꼽히는 전설적인 야구선수)의 유명한 말처럼 들릴지 모르겠지만, 성공한 스트리트 스마트 사업가가 되기 위한 열쇠는 부단히 노력하는 것뿐이다. 다시 말해, 처음부터 자신을 이끌었던 직감을 믿고 항상 그 직감에 귀를 기울이고 그에 따라 행동하는 걸 잊어서는 안 된다.

Chapter 8

리스크 관리

메이저리그 라크로스를 창단하는 과정에서 많은 스트리트 스마트 사업가들을 알게 되었다. 지금도 NFL과 메이저리그 축구 등 다른 프로 스포츠 구단주와 관계자들을 정기적으로 만나고 있으며, 다채롭고 흥미로운 행사에도 초대를 받는다. 적어도 뉴욕 볼드윈에서 자란 나로서는 흥미로운 행사가 아닐 수 없다.

얼마 전 나는 네브라스카 오마하에서 열린 만찬연회에 초대를 받았다. 사업가들과 재계 리더들이 모이는 자리였다. '오마하의 현인'이자 억만장자인 워렌 버핏도 참석해 자신의 생각을 밝히는 흔치 않은 기회였다. 그가 운영하는 회사 버크셔 해서웨이Berkshire Hathaway는 코카콜라와 같은 초우량 기업의 지분뿐만 아니라

GEICO 보험, 프룻 오브 더 룸Fruit of the Loom, 팸퍼드 쉐프 Pampered Chef, 시즈 캔디즈See's Candies 등 다양한 회사를 소유하고 있다.

오마하의 봄철 경치가 무척 좋다는 얘기를 들어왔던 터라 나는 초대를 받았을 때 흔쾌히 응했다. 투자의 귀재라고 일컫는 사람을 만날 수 있는 흔치 않은 기회를 누가 놓치겠는가? 나와 함께 비행기를 탄 사람들도 모두 같은 생각이었을 게다.

그들은 대부분 성공한 사업가들이었는데 비행기 여행은 난관이 많았다. 오마하로 가는 도중에 토네이도를 여러 차례 만났고 비상착륙을 하는 상황까지 벌어졌다. 집으로 돌아오는 비행기에서는 기계적인 문제가 발생해 갑작스럽게 급강하를 하는 바람에 모두가 새파랗게 질리기도 했다. 5천 피트를 급강하하면서 산소 마스크가 떨어지고 그야말로 난리도 아니었다.

사업가들은 리스크를 즐기고 스릴을 쫓는 사람이라고 말들 하지만 비행기 사고에 초연하는 사업가는 아무도 없었다. 나 역시 마찬가지였다. 이 경험 때문에 나는 사업에 관해 얘기할 때 '리스크'라는 말을 가급적 사용하지 않는다.

하지만 세상에는 사업가와 리스크의 관계에 관해 수많은 편견과 오해가 난무한다. 흔히 사업가들은 충동적이고 도전적이며 스릴을 추구하는, 리스크에 중독된 사람들로 묘사된다. 참으로 매력적인 말처럼 들린다. 리스크라는 말만 들어도 몸이 근질근질해진다. 그러나 대부분의 사업가들은 리스크를 최소화하길 원한다.

대부분의 다른 스트리트 스마트 사업가들도 마찬가지다.

　나는 원래 모험을 두려워 하지 않는 편이다. 그러나 바로 그 점 때문에 나는 내 주위에 "아니오!"라고 말하는 걸 좋아하는 사람들을 둔다. 천성적으로 나는 반대편에 무엇이 있을까 궁금해 하며 시간을 낭비하기보다는 직접 뛰어들어 탐색하는 편이다. 하지만 사업에 관한 한 무모한 모험은 하지 않는다.

　'스마트한 모험'과 '무모한 모험'의 차이는 이렇게 생각하면 된다. 처음으로 수영장에 갔다고 치자. 그러면 당연히 수영장의 수온이 궁금할 것이다. 스마트한 모험가라면 한 발을 물에 담가보겠지만, 무모한 모험가는 무작정 뛰어든다. 죽음도 두려워하지 않는 이블 크니블(미국의 유명한 오토바이 스턴트맨) 같은 사업가는 극히 드물다. 사실 우리 대부분은 리스크를 줄일 수 있는 방안을 찾는데 매우 유능하다. 스트리트 스마트 사업가들은 할리우드의 스턴트 전문가들과도 같다. 스턴트맨들은 항상 빌딩에서 뛰어 내리고 말에서 떨어지기 때문에 사람들은 당연히 이들을 무모한 모험가라고 생각한다. 하지만 모두 영화를 위해 꾸며낸 허상일 뿐이다. 내가 아는 대부분의 스턴트 전문가들은 치밀하고 신중한 사람들이다.

　스턴트맨들과 대부분의 스트리트 스마트 사업가들은 도전에 앞서 리스크를 최소화하는데 전문가들이다.

　우리는 대담하긴 하지만 무모하지는 않다. 한계에 도전하기는 하지만 어디가 한계인지 잘 알고 있다. 일단은 살아 있어야 성공도 할 수 있지 않겠는가. 값싼 스릴이나 반짝 성공을 위해 지금까지 이뤄놓은 모든 것과 우리가 사랑하는 사람들의 안녕을 위태롭게 만들지는 않는다.

▌ 리스크를 최소화해라. 그런 다음 뛰어들어라!

이는 매우 중요한 사항이다. 리스크가 사업을 키워나가는데 필수적인 부분이기 때문이다. 하지만 뛰어들기 전에 주변을 살펴야 한다. 사실을 파악하고 직감을 확인하라. 잘 모르는 사람이 보기엔 사업가가 모든 위험을 감수하는 것처럼 보이지만 사실은 빌딩 꼭대기에서 뛰어 내리거나 오토바이를 타고 불타는 자동차를 건너뛰는 영화 속 장면과 마찬가지다. 이런 장면을 찍기 위한 준비 과정과 계획, 안전망이 보이지 않을 뿐이다. 내가 메이저리그 라크로스를 출범시키는 문제를 꺼냈을 때부터 여기저기서 수군거림이 들려왔다. 사실 수군거림이라기보다는 오히려 외침에 가까웠다.

"너무 무모한 것 같은데, 제이크!"
"정말로 그렇게 무모한 일을 시도하고 싶은 거야?"
"왜 그런 쓸데없는 모험을 하려고 하지?"

나 역시 쉬운 일이 아니란 걸 잘 알고 있었다. 새로운 프로 스포츠 리그를 창단하는 일은 사업가로서 내가 했던 일 중에 가장 도전적인 일이었다. 하지만 리스크를 감당할 수 있을 만큼의 수준으로 줄이는 방법은 많이 있다. 스트리트 스마트식 리스크 감소가 어떻게 효과를 발휘하는지 살펴보자.

1. **자산 보호** 어떤 사업이건 어느 정도의 모험이 따르기 마련이다. 하지만 그 어떤 사업이건 핵심 자산을 위험에 빠뜨려서는 안 된다. 스트리트 스마트 사업가는 위험성 높은 신규 사업 때문에 잘 나가는 기존 사업을 위태롭게 하지 않는다. 낡은 자동차의 부품을 떼어내 새로운 차를 만드는 것과는 다르다. 하나를 분해해서 다른 것을 만드는 게 아니라 두 개의 성공적인 기업을 키워야 한다.

2. **동업** 새로운 모험적 사업에서 리스크를 줄이는 가장 일반적인 방법은 여러 사람이 리스크를 분담하는 것이다. 마음이 잘 맞는 사람들을 영입한다면 리스크를 분담하고 수익을 나누는데 아무런 문제가 없다. 동업자나 주주, 투자자가 매일같이 얼굴을 대하면서 함께 일할 만한 사람들인지 생각해봐라. 그리고 계약서에 각자의 역할과 관리 책임, 탈출 계획을 명확히 규정해야 한다.

3. **다수의 수익원 창출** 리스크란 무엇인가? 사업에서 리스크

란 대개 자산과 부채로 귀결된다. 장기적으로 사업을 운영하기 위해서는 지출하는 금액보다 들어오는 금액이 많아야 한다. 물론 적자로 사업을 운영하는 방법도 있지만 우리의 목표는 그렇지 않다. 장기적으로 수익을 내는 사업이 우리의 목표다. 그러기 위해서는 여러 곳에서 수익을 낼 수 있는 사업 계획을 짜야 한다.

스포츠 리그는 다양한 수익원을 창출할 수 있는 기회가 많이 있다. 입장권 판매는 그중 하나에 불과하다. 매일같이 나는 기업 파트너와 스폰서, 구단주, 광고주들과 협상을 벌이고 계약을 체결한다. 뉴밸런스, 워리어 라크로스, 게토레이, 토미 힐피거, 스포팅 뉴스, 캐스케이드, 소니 픽처스, 파라마운트, ESPN 등 내로라하는 기업들을 파트너 및 스폰서로 끌어들인 건 정말 흥분되는 일이다. 이런 기업들은 앞으로 수년 동안 MLL의 가치를 더욱 높일 것이다. 리스크를 줄이는 데는 장기적인 성공이 가장 좋은 방법이다. 일단 사업이 어느 정도의 지구력을 갖게 되면 리스크를 감당하는 일이 점점 쉬워진다.

BBJ의 변신

4년 전 우리 BBJ는 많은 사람들이 너무 위험한 일이라고 생각했던 일을 감행했다. 위험이 높은 대신 사업을 한 단계 높은 차원으로 발전시킬 수 있었기에 우리는 반대를 물리치고 계획을 밀고 나갔다. 당연히 상상했던 것 이상으로 커다란 성공을 거두었다. 하지만 처음부터 이 일이 성공할 거라는 보장은 전혀 없었다. 사실상 회사를 완전히 다시 뜯어고치는 것이나 다름없었기 때문이었다. 우리는 단지 브랜드를 빌려 주고 다른 회사가 모든 리스크를 감수하고 수익의 대부분을 차지하는 브랜드 라이센스 업체에서 우리가 리스크를 감수하고 훨씬 더 많은 수익을 챙기는 회사로 변신을 꾀한 것이다.

사업 확장을 위한 결정을 내릴 때 우리는 작시만 알찬 기업이었다. 우리는 전혀 새로운 접근 방식으로 사업 확장에 나섰다. 우리는 사실상 브랜드 라이센스 업체였다. 로열티를 통해 수익을 올렸고 사업 실적도 좋았다. 하지만 종합 휘트니스·미디어 그룹으로 변신한 이후 우리는 예전엔 상상조차 할 수 없었던 엄청난 성공을 거두었다. 이 과정에서 우리는 4곳의 광고 프로덕션 회사와 제휴를 맺었고 이들과 함께 만든 정보광고는 대성공을 거두었다. 하지만 이들 회사는 우리만큼 성공적인 정보광고 프로젝트를 만들지 못해 모두 어려움을 겪었다. 결국 우리는 자체 프로그램을 제작할 수 있을 만큼 정보광고 사업에 관한 충분한 노하우를 쌓았다.

> 자신이 모든 결정을 내리고 싶으면 그에 따르는 리스크도 감당해야 한다.

우리는 아직까지 프로그램 제작을 위해 전문가의 도움을 받긴 하지만, 이제는 제작비를 모두 대고 그에 따른 수익을 모두 차지한다. 주문 또한 우리가 직접 처리한다. 다시 말해 수표와 신용카드 결제를 받고 제품의 유통을 직접 감독한다. 변화를 꾀하기 전 우리는 자본재에 대한 투자를 하지 않았기 때문에 수익성은 높았지만 리스크도 낮고 간접비용도 낮은 사업을 했다. 하지만 우리 운명의 칼자루는 다른 사람이 쥐고 있었다. 판매에 대한 모든 결정권은 우리가 아닌 그들이 쥐고 있었다.

이 점이 항상 마음에 걸렸던 부분이었다. 제품에 내 이름이 올라가는 만큼 나는 더 많은 권한을 행사하고 싶었다. 그래서 나는 더 많은 리스크를 감수하기로 결정했다. 자신이 하는 일에 대해 잘 알고 있으면 그렇게 나쁜 결정은 아니다. 브랜드의 명성을 지키기 위해 많은 노력을 기울여온 만큼 다른 사람들이 중요한 결정을 내릴 때까지 가만히 앉아 기다릴 수만은 없었다. 단독으로 사업을 진행하기 전부터 우리는 제품 개발과 마케팅 전략, 정보광고 제작의 모든 면에 참여하기 시작했다. 단점이라면 다른 사람들을 고용해서 한 일이었기 때문에 크게 성장할 수 있는 기회가 많지 않았다는 것이다. 당연히 내 성에 차지 않았다.

그러나 우리의 '번&싸이 로커Bun&Thigh Rocker'가 큰 성공을 거두자 우리는 자신감을 갖기 시작했다. 뭔가 새로운 시도를 할 좋은 기회라고 판단한 것이다. 더 많은 리스크를 감수한다면 그만큼 보상도 크다는 걸 잘 알고 있었다. 그래서 우리는 리스크를 무룹쓰고 회사를 다시 뜯어고치는 과감한 결정을 내렸고, 그 어떤 다른 방법을 통한 성장보다 훨씬 더 큰 성장을 추구했다. 한마디로 라이센스 업체에서 자체 제품 생산기업으로 탈바꿈한 것이다. 결과적으론 회사 가치도 크게 올랐다. 2004년 제품 로열티로 수백만 달러를 버는 대신에 직접 판매로 8천만 달러 이상의 수익을 올렸다. 창의적이고 도전적인 인재를 선발해 자신의 능력을 최대한 발휘하도록 격려하는 기업 문화 때문에 우리는 이런 성과를 거두는 동안 단 9명만을 추가로 채용했을 뿐이었다.

리스크가 따르지 않았을까? 물론이다! 우리가 처음으로 내놓은 제품이 실패했다면(물론 실패하지 않도록 만반의 준비를 했지만) 커다란 손실을 입었을 것이다. BBJ 글로벌 LLC가 내놓은 첫 번째 제품은 토탈 보디 트레이너였다. 이 제품이 성공을 거두자 우리는 여세를 몰아 앱 시저라는 제품을 내놓았고 이 제품은 우리 회사 역사상 최고의 히트 상품이 되었다. 그리고 가장 최근에 내놓은 제품인 '카디오 크루저Cardio Cruiser'는 앱 시저의 기록을 깰 것으로 예상된다.

리스크를 예상하고, 그것이 우리에게 나쁜 영향을 줄 수도 있음을 알면서도 우리는 변신을 꾀했다. 그 결과는 대성공이었다. 돌이켜보면 사업 방식을 바꾸기로 한 결정은 탁월했던 것 같다. 하지만 동시에 배짱이 필요했던 일이었다. BBJ 글로벌 LLC와 나의 인생 모두를 송두리째 뒤바꿔 놓은 커다란 변화였다.

고통 없인 아무것도 얻을 수 없다

보디빌딩을 할 때, 매일 똑같은 무게의 바벨만 들어서는 근육을 키우거나 더 강해질 수 없다. 근력을 강화하기 위해서는 끊임없이 새로운 무게에 도전해야 한다. 고통 없이 아무것도 얻을 수 없다는 말이 딱 들어맞는 경우다. 하지만 그렇다고 실제로 자신에게 고통을 가할 필요는 없다. 다만 현상에 안주하는 자세를 버리고 어렵고 불편하지만 늘 새로운 것에 도전하는 자세가 필요하다. 이것이 우리가 살아가는 이유 아니겠는가.

보디빌딩에서 리스크 관리라고 한다면 벤치 프레스를 할 때 다른 사람이 곁에서 지켜보도록 하는 것이다. 부상의 위험에 대비하기 위해서다. 사업에서도 리스크를 도와 줄 전문가가 있으면 좋다. 그러나 자신의 직감을 믿고 소신에 따라 행동해야 한다. 자신의 판단과 직감을 믿지 않으면 살아남기 어렵다.

> 스트리트 스마트 모험가들은 리스크를 최소화한다.

리스크를 필연적인 사업의 한 부분으로 생각하라. 단, 사업의 장기적 성장을 위해서, 그리고 사랑하는 사람들의 경제적 안녕을 지키기 위해서는 리스크 관리가 필요하다는 점을 명심해야 한다. 그렇다면 효과적인 리스크 관리 방법은 무엇일까? 여기에 몇 가지 요령을 제시하겠다.

1. 먼저 자신의 직감에 귀를 기울여라! BBJ의 대대적인 변신에 앞서 나는 먼저 내 자신의 직감에 귀를 기울였다. 그리고 스스로에게 이렇게 물었다. "이번 결정으로 나는 내가 원하는 궁극적인 목표에 도달할 수 있는가?" 나는 질문과 동시에 내 마음 속에서 나오는 즉각적인 답에 귀를 기울였다.

내면의 소리에 귀를 기울이는 과정은 상상력을 동원하는 과정을 수반한다. 조용한 곳에서 시나리오를 그려봄으로써 차분히 앞으로의 일을 생각할 수 있다. 이번 결정이 향후 1개월, 6개월, 1년, 10년 후에 어떤 결과를 낳을까?

머릿속에 떠오르는 생각을 종이에 적어보는 것도 도움이 된다. 한쪽에는 자신이 기대하는 혜택과 장점을 적고, 다른 한쪽에는 예상되는 단점을 적는다. 그래서 단점이 장점보다 많으면 리스크를 줄이기 위해 할 수 있는 모든 조치를 취했는지 확인에 확인을 거친다. 이렇게 했는데도 불구하고 단점이 더 많다면 이 일이 정말로 자신이 원하는 일인지를 심각하게 다시 한 번 생각해야 한다.

2. 과감하게 플러그를 뽑아라 나는 천성이 워낙 낙천적이고 도전적이긴 하지만, 뛰어들고 싶은 마음이 굴뚝같다 하여도 이모저모 충분히 생각해 본 후 아니다 싶으면 과감히 플러그를 뽑는다. 몇 년 전 연예인들이 운영하는 레스토랑 사업 열풍이 거세게 불었을 때 나는 다른 헬스·휘트니스 전문가들과 이 사업에 뛰어

들고 싶은 마음이 굴뚝 같았다. 플래닛 할리우드, 하우스 오브 블루스, 하드 록 카페 등이 한창 잘 나가던 시절이었다. 슈퍼모델에서 할리 데이비슨 매니아들에 이르기까지 많은 사람들이 이런 열풍에 동참하고 있었다.

나도 이 사업에 뛰어들고 싶어 캐시 스미스, 타밀리 웹, 잭 라렌스, 리차드 시몬스 등 유명 휘트니스 전문가들과 LA의 한 호텔에서 만나기로 했다. 제인 폰다도 관심을 보였지만 다른 일이 있어서(특히 테드 터너와 결혼한 지 얼마 되지 않아) 내 초대를 정중히 거절했다.

우리 모두가 자리를 함께 한 건 그때가 처음이었지만 정말로 즐거운 시간이었다. 칼로리 걱정 없이 외식을 즐기고 싶은 사람들을 위한 레스토랑 사업의 시기가 무르익었다는 의견에 다들 동의했다. 우리는 건강식을 판매하는 레스토랑 사업이 '이 세상의 파라다이스'처럼 멋진 아이디어라고 생각해 레스토랑 이름을 '에덴'으로 짓기로 했다. 지금 생각해도 멋진 사업 아이템이었다.

초기 계획 단계에서 우리는 갖가지 아이디어를 생각해내고 다양한 메뉴를 개발했다. 사업 파트너들이 정해지자 나는 전문 레스토랑 컨설턴트를 만나 레스토랑 체인을 운영할 경영진 구성 문제를 논의하기 시작했다. 레스토랑 컨설팅 회사로부터 여러 가지 조언과 의견을 구하기도 했다.

6개월에 걸쳐 나는 업계에서 내로라하는 레스토랑 컨설턴트들을 만나 그들의 의견에 귀를 기울였다. 그리고 그중에서 에덴 레스토랑 체인의 운영을 맡길 만한 컨설팅 회사를 두 곳 선정했다. 그런 다음 사업 파트너들을 다시 불러모아 전문가들에게서 주워들은 의견을 포함해 그때까지 내가 배운 것들을 모두 알려 주었다. 그러나 결국 우리는 내가 새롭게 알게 된 사실과 몇 가지 문제 때문에 레스토랑 체인 사업을 무기한 보류하기로 결정했다. 현시점에서 리스크가 너무 크다고 판단했기 때문이었다.

또한 연예인 레스토랑 사업의 수익이 감소하기 시작했다는 징후도 보였다. 결국 내 예감대로 대대적인 구조조정 한파가 불어닥쳤고 대부분의 연예인 레스토랑이 영업을 축소하거나 문을 닫는 지경에 이르렀다. 이 사업에 많은 시간과 노력을 투자했지만 리스크와 보상을 비교 검토해 본 결과 리스크가 보상에 비해 지나치게 높은 점이 분명했다.

이렇게 기초가 불안한 상태에서 많은 사람들을 사업에 끌어들이고 싶지 않았다. 결국 레스토랑 사업 계획은 실현되지 않았지만 우리 모두는 좋은 경험을 했다는 생각에 후회는 없었다.

> 하고 싶은 마음은 있지만 사업가로서의 직감이 좋지 않다면 직감을 따르라.

3. 자신에게 묻기 전에 사실을 파악하라 흔히 사업가들은 자기 우월감에 도취된 사람들이라는 말이 있다. 하지만 스트리트 스마트 성공을 거둔 대부분의 사업가들은 자기 자신의 독단적

생각보다는 경제적 수치를 기반으로 결정을 내린다. 휘트니스 업계의 리더들을 모아놓고 그들에게 레스토랑 사업의 타이밍이 좋지 않다고 인정하는 건 쉬운 일이 아니었지만, 그렇다고 자존심 때문에 신세를 망칠 수는 없는 노릇이다. 올바른 결정은 자존심에서 나오는 게 아니다. 올바른 결정에서 자존심이 나오는 것이다. 자신을 믿되 사실을 인정해야 한다. 숫자는 거짓말을 하지 않는다.

다음은 새로운 사업에 뛰어들 것인가 아니면 다른 성장 방법을 찾아볼 것인가를 결정하는 데 도움을 줄 수 있는 리스크 체크리스트다.

.

● **이렇게 '위험한' 결정을 내린 이유를 스스로에게 물어라.**

자신이 직면한 리스크를 깊은 계곡에 친 낡고 흔들거리는 로프 다리(스필버그의 영화에 자주 등장하는)라고 생각하라. 이 다리를 건너기 전에 스스로에게 물어라. 내가 왜 이 일을 하려고 하는가? 새로운 목표를 쫓는 것인가, 아니면 무언가에 쫓기고 있는가? 인생에서 더 많은 것을 얻기 위해 리스크를 감수하는 건 괜찮다. 하지만 더 많은 것을 위해 당신의 인생을 망쳐서는 안 된다.

- 무엇을 성취하길 원하는지 정확히 파악하라.

인디아나 존스도 반대편에 무엇이 있는지 모른 채 로프 다리를 건너지는 않는다. 물론 총을 든 악당이 뒤쫓아온다면 모를 일이지만, 당신을 쫓아오는 사람은 없다. 따라서 서두를 필요가 없다. 차분히 시간을 가지고 이 리스크를 감수해서 무엇을 얻을 수 있는지 곰곰 생각해 보라.

- 최악의 시나리오와 최상의 시나리오를 고려하라.

최악의 경우나 최상의 경우에 발생할 수 있는 잠재적 기회를 파악하는 세심함이 필요하다. 그렇다고 이것저것 재보기만 하다가 아무것도 못하는 일은 없어야 한다. 기회는 최상의 시나리오에만 있지 않다는 점을 명심해라. 최악의 경우에도 언제나 기회는 있다. 성공하는 사람과 실패하는 사람의 차이는 최악의 경우에도 새로운 기회를 잡을 수 있느냐의 여부에 달려 있다. 언제라도 게임에 뛰어들어 최선을 다할 수 있는 준비를 해야 한다.

- 스릴을 만끽하라!

놀이공원에 가서 롤러코스터나 유령의 성에 오를 때는 어느 정도 리스크가 수반된다는 걸 잘 알고 있다. 아무도 당신에게 그런 리스크를 감수하라고 강요한 사람은 없다. 당신은 의식적으로 건 무의식적으로건 그런 리스크를 감수할 만한 보상이 뒤따른다는 걸 계산하고 있는 것이다.

리스크는 짜릿한 스릴의 일부다. 그것도 오랫동안 계속되는 스릴이다. 떨어질 지도 모르니 손잡이를 꼭 잡고 스릴을 만끽해라. 조금이라도 방심하다간 아슬아슬한 순간도 찾아올 것이다.

이런 맛에 사업을 하는 거다. 어느 정도 성공을 거두고 자리를 잡으면 스릴을 만끽할 수 있는 여유가 생긴다. 하지만 가장 기억에 남는 것은 뭐니뭐니 해도 초반의 두려움과 짜릿함이다. 지금까지도 나는 누가 "제이크, 직업이 뭐예요?"라고 물을 때 짜릿함을 느낀다. 스트리트 스마트 사업가로 성공한 나는 이렇게 대답한다.

"내가 좋아하는 일을 하죠!"

Risk Check List

- 이렇게 '위험한' 결정을 내린 이유를 스스로에게 물어라.
- 무엇을 성취하길 원하는지 정확히 파악하라.
- 최악의 시나리오와 최상의 시나리오를 고려하라.
- 스릴을 만끽하라.

Chapter 9

변화, 한계의 극복

보디빌딩을 하던 시절 나는 캘리포니아
에 있는 한 체육관에서 하루도 거르지 않고 운동을 했다. 그곳에
선 열심히 운동하는 다른 프로 보디빌더들도 많았다. 땀을 뻘뻘
흘리며 근육을 키우는 보디빌더들로 북적거리는 근육 생산공장
과도 같다. 공장의 기계음 대신 보디빌더들의 끙끙대는 신음과
기합소리, 포효가 울려 퍼진다. 그들은 간혹 "갈 때까지 가보자"
라고 말한다. 그 말은 보디빌더들이 근섬유를 찢어 근육을 키우
고 근력을 강화하기 위해 자신의 한계를 넘는 무게를 들 때 쓰는
표현이다.

"좋아, 갈 때까지 가보자!"

이 말은 남아있는 힘을 다 소진시킬 때까지 역기를 들겠다는 뜻이다. 이렇게 할 때는 힘이 다 빠져 더 이상 역기를 들지 못할 때를 대비해 옆에 반드시 코치가 지켜보고 있어야 한다. 체육관에서 워낙 많이 듣던 말이라 나는 늘 이 말을 무관심하게 흘려들었지만, 다른 직업을 갖고 나서야 비로소 모든 사람이 "갈 때까지 가보자"라는 말을 근육을 키울 때처럼 긍정적으로만 사용하지 않는다는 걸 알게 되었다.

많은 사람들이 실패를 곧 모든 것의 끝으로 본다. 심리학자들은 사람들이 실패를 두려워하는 이유는 실패와 죽음을 동일시하기 때문이라고 말한다. 참으로 어리석은 두려움이긴 하지만, 나는 실제로 이런 두려움 때문에 좌절하는 유능한 사람들을 많이 봐왔다. 내가 아는 할리우드의 한 제작자는 오랫동안 커다란 성공을 거두었지만 어느 날 갑자기 자신이 실패자라는 패배 의식에 사로잡혔다. 그는 우울증에 빠져 일년 내내 집 밖으로 한 발짝도 나가지 않았다.

> 실패한다고 죽지 않는다. 실패를 인정하고 교훈을 얻어라. 그리고 훌훌 털어 버려라!

혹시 주변 사람이 "이번 프로젝트가 성공하지 못하면 난 죽을 거야"라고 말하는 걸 들어본 적이 있는가? 이들은 어떤 멍청한 이유 때문인 지는 몰라도 실패를 곧 죽음이라고 보기 때문에 그런 말을 한다. 조금이라도 스트리트 스마트를 가진 사람이라면 계약을 놓치거나 파산을 하더라도 크게 실망하지 않는다. 즐거운 마음으로 다음날 아침 잠자리에서 일어난다.

실패 때문에 세상이 끝난 것처럼 무너진다면 지금 당장 그런 자세를 버려라. 살아 숨쉬고 있는 한 실패가 모든 것의 끝은 아니다. 포기하지만 않으면 성공을 위한 새로운 기회는 얼마든지 있다.

패배 의식 때문에 아무 일도 하지 못했던 할리우드의 그 제작자도 결국엔 자리를 박차고 일어나 다시 일터로 복귀했고, TV와 영화 모두에서 히트작을 쏟아내며 화려한 재기에 성공했다. 실패는 죽음과 아무런 관계가 없다. 사실 실패는 삶의 일부다. 실패했다고 해서 당신이 곧 실패자라는 걸 의미하지 않는 이유가 바로 이 때문이다.

대부분의 사람들이 골프 코스를 돌거나 교회에서 예배를 보거나 늦잠을 자고 있는 일요일 아침에 나는 가끔 홈쇼핑 네트워크에서 생방송을 진행한다. 제품을 주문하는 고객들에게서 몇 통의 전화가 걸려오는 지를 보여 주는 컴퓨터 화면을 방송 중에 가끔씩 보는데, 간혹 한 통의 전화도 걸려오지 않을 때가 있다. 그럴 때면 정말 힘이 쭉 빠진다. 그렇다고 방송을 멈추고 주저앉아 엉엉 울어버릴 수도 없지 않은가. 방송은 계속돼야 하고 인생도 계속돼야 한다. 좋은 날이 있으면 나쁜 날도 있는 법이다. 혹한의 겨울이 있으면 따뜻한 봄도 있는 법이다. 왜 자신에겐 혹한의 겨울만 있다고 생각하는가? 추운 겨울도 계절 변화의 일부일 뿐이다.

실패는 있어도 좌절은 없다

실패 때문에 아무 일도 할 수 없는가? 물론 실패가 분명 기운 빠지는 일이긴 하지만, 그렇다고 겁쟁이처럼 움츠리고 있어선 안 된다. 내가 실패한 경험에 대해서만 글을 써도 족히 책 한 권은 될 것이다. 전신운동기구인 메가플렉스도 내가 실패를 경험한 제품 중 하나다. 집에서 편하게 사용할 수 있어야 한다는 우리의 제작 원칙에 어긋나는 제품이었다. 광고에서도 제대로 된 시연을 보이지 못했다. 광고 주제곡이 너무나 멋졌기 때문에 더욱 커다란 아쉬움이 남는 경험이었다. 돌이켜 생각해 보면 주제곡을 앨범으로 만들어 그걸로 수익을 올리는 편이 더 나을 뻔했다. 그것 외에도 나는 여러 번 실패를 했다. 많은 제품이 실패했고, 잡지도 실패했고, TV 프로그램도 실패했고 심지어 처음으로 맡은 배역도 실패로 돌아갔다.

내가 LA로 처음 이사 와서 만난 유명인들 중에는 히피 코미디언 토미 총이 있었다. 그는 당시 단짝인 치츠 마린과 함께 여러 영화를 제작하고 있었다. 오랫동안 사랑받은 코미디 시리즈에서

두 사람은 마리화나 중독자 등의 역할로 사람들을 배꼽 잡게 했지만, 사실 두 사람은 매우 똑똑하고 성실하다. 나는 두 사람 모두와 친구가 되었고, 내가 유니버셜 스튜디오에서 헐크 역할을 하던 시절을 얘기해 주면 늘 배꼽을 잡곤 했다. 그래서 이들은 헐크와 비슷한 인물이 등장하는 코미디 각본을 써 나에게 그 역할을 맡아달라고 했다. 그 영화가 바로 'Cheech & Chong's Next Movie'였다. 그들이 나에게 부탁한 역할은 '움바'라고 하는 사고뭉치 인물이었다. 움바는 항상 엉뚱한 사람들을 구출하고 엉뚱한 벽을 뚫고 영웅적인 행동으로 사람들을 노우려고 하지만 그때마다 늘 말썽만 일으킨다.

토미가 준 대본을 읽고 나는 거의 울 뻔했다. 눈물이 날 만큼 웃겨서 그러기도 했지만 너무 멋진 역할이었기 때문이다. 또 비중도 있었다. 영화의 공동주연으로 당당히 내 이름을 올릴 수 있는 기회였다. 당시에는 아직 CNN에서 휘트니스 프로그램을 시작하기 전이었기 때문에 촬영장에는 한 번도 가본 적이 없었다. 토미와 영화 제작자 하워드 브라운은 나뿐만 아니라 당시 LA 근처로 이사 온 나의 부모님들과도 만났다.

"아드님은 곧 대스타가 될 겁니다. 이번 작품은 정말로 대히트를 칠 겁니다."

하워드가 나의 부모님께 호언장담했다. 나는 너무 기쁜 나머지 영화가 촬영에 들어가기도 전에 롱아일랜드 친구들에게 모조리 전화를 걸어 내가 '치츠와 총'의 영화에 출연한다고 자랑했다. 친구들 모두 믿기지 않는다는 반응이었다. 드디어 영화가 촬영에 들어갔고 모든 일은 순조롭게 진행되었다. 나에게는 별도의 트레일러가 제공되었고 식사도 모두 무료였다. 거기에 수천 달러의 출연료까지 받으니 참 신나는 일이 아닐 수 없었다. 처음 이틀 동안은 모든 게 순조로웠다. 카메라맨까지도 내가 온몸을 빨간색으로 분장하고 빨간색 타이츠를 입고 나타나면 배꼽을 잡았다. 촬영 3일째 되던 날 내가 막 촬영장으로 나서려는데 라인 프로듀서인 피터 맥그레거 스콧이 나에게 다가왔다.

"제이크, 좋은 소식과 나쁜 소식이 있네."

"어떤 소식 먼저 들을까요?"

"둘 다 동시에 들려주지. 촬영 필름을 본 스튜디오 제작자가 자네 연기가 훌륭하다고 하더군. 그런데 문제가 있네. 빨간색 분장을 한 245파운드의 거구가 너무 튄다고 하더군. 치츠와 총을 주연으로 쓰려고 자금을 대는 거지 245파운드의 거구를 주연으로 쓰려고 돈을 내는 게 아니라는 거야."

움바는 바로 문제를 직감했다. 그래서 나는 밝은 빨간색 대신에 연두색으로 분장을 바꾸고 연기 비중도 줄이겠다고 제안했다.

"제이크, 미안하지만 움바를 영화에서 빼라는 지시를 받았네."

피터는 나를 가만히 바라보다가 말을 이었다.

"하지만 좋은 소식도 있네. 자네가 출연한 장면은 전부 빼는 게 아닐세. 한 장면은 남겨둘 거네. 자네 출연료도 전액 지불하기로 했고. 참! 그리고 원한다면 계속 우리랑 식사를 해도 좋네."

더 이상 쓸모가 없어진 움바는 애처롭게 흐느꼈다. 움바는 다시 영화에 출연하고 싶었다. 이미 아는 사람들에게 치츠와 총의 영화에 주연급으로 출연한다고 떠벌려댔는데 한 장면에 잠깐 얼굴을 내밀고 마는 신세로 전락한 것이다. 연예업계에서 버림받은 느낌이었다.

치츠와 총은 이 소식을 듣자마자 나에게 전화를 걸어왔다. 내게 위로의 말을 전하면서 이런 할리우드의 지혜를 들려 주었다.

"이런 뭣 같은 일은 누구에게나 항상 일어난다네. 이런 일로 너무 상심하지 말게. 자넨 재능이 있어. 분명 좋은 기회가 또 올 걸세."

 좋은 평가를 믿는다면 나쁜 평가도 믿어야 한다.

치츠와 총의 말이 옳았다. 움바 역이 수포로 돌아간 지 얼마 되지 않아 나의 연예인 휘트니스 트레이닝 사업은 큰 호황을 맞았다. 재미있는 것은 배우들에게 나의 움바 경험담을 얘기해 줄 때마다 그들 모두 비슷한 경험을 갖고 있다고 털어놓은 사실이다. 모두들 비중 있는 역할을 거부당했거나 영화에서 편집된 경험이 있었다. 외모가 배역에 맞지 않는다든지, 코가 크다든지, 목소리가 이상하다든지, 아니면 배역에 요구되는 재능을 갖고 있지 못하다는 소리를 들어본 경험이 누구에게나 있었다. 사실 어떤 배우라도 실패를 겪지 않은 배우는 한 명도 없었다. 해리슨 포드는 나의 얘기를 듣고 이렇게 말했다.

"좋은 평가를 믿는다면 나쁜 평가도 믿어야 하네."

이 한 문장은 지금까지도 내가 잊지 않고 마음속에 간직하고 있는 말이다. 그리고 나는 "갈 때까지 간다"는 말이 그렇게 나쁜 것만은 아니라는 사실도 깨달았다. 왜냐하면 여전히 성공을 위해 발버둥치며 살아있다는 반증이기 때문이니까 말이다. 나는 항상 실패를 경험했다는 사실을 감사하게 생각한다. 실패를 중요하게 생각하게 되었을 뿐 아니라 실패에 대한 두려움도 말끔히 사라졌기 때문이다.

> 위대한 사업가는 모두 실패를 경험했다. 하지만 그들 누구도 실패자는 아니다.

비즈니스 스쿨의 학생들에게 강의를 할 때면 나는 늘 학생들을 쭉 훑어보며 앞으로 실패할 사람들이 한 둘이 아닐 것 같다는 말로 학생들에게 경각심을 심어 준다. 그러면 학생들은 내 얘기에 쫑긋 귀를 세운다. 그러면 나는 학생들에게 평생 실패만 거듭했던 사람이 바로 나라고 말한다. 그리고 가장 중요한 말을 덧붙인다. "사실 위대한 사업가는 모두 평생 실패를 거듭했다. 그들이 이룬 성공은 모두 실패를 경험하고 나서 얻어낸 결과였기 때문이다."

성공은 실패 뒤에 찾아오는 것

성공과 실패는 종이 한 장 차이라고 생각한다. 할리우드에서 살다보면 성공은 하루아침에 이룰 수 없다는 걸 몸소 체험하게 된다. 물론 예외의 인물이 있기는 하지만 그것은 순전히 하늘의 운이다. 성공은 수많은 실패 끝에 얻을 수 있는 것이다. 엄청난 성공을 거둔 나의 유명인 고객들은 대부분 쓰디쓴 실패를 맛본 사람들이었다. 보디빌더와 마찬가지로 그들도 실패가 힘의 원천이자 성공의 밑거름이라는 잘 알고 있다.

나는 유명인 고객들에 대해 다른 사람들은 잘 모르는 그들의 내면의 모습을 많이 보았다. 그들이 극복한 어려움과 현재 직면하고 있는 난관에 대해서도 알게 되었다. 그들의 추진력과 동기의 원천이 무엇인지도 알게 되었다. 수월하게 성공을 이루는 것처럼 보이는 사람들에게도 쉬운 일은 결코 없다는 걸 깨닫게 되었다. 무엇보다도 이들이 당신이나 나처럼 평범한 사람들과 크게 다르지 않다는 것을 알게 되었다. 그들도 열심히 노력하고 실패를 맛보기도 한다. 하지만 최고의 자리에 있는 사람들은 실패를 성공을 위한 과정의 일부로 담담히 받아들인다.

나는 베트 미들러의 스크린 데뷔 초기 그녀의 트레이너로 일한 경험이 있다. 연예계 최고의 자리에 오른 그녀도 사실은 뛰어난 재능 못지 않게 끈기와 노력으로 성공을 거둔 평범한 여성이다. 그녀는 때로 여러 나라 말로 유창하게 온갖 험한 말을 퍼붓기도 한다. 내가 힘들게 트레이닝을 시킬 때면 나에게도 온갖 험한 말을 퍼부었다.

스트리트 스마트한 여성인 베트는 나에게 가수이자 배우로서 성공하기까지 겪었던 온갖 어려움과 좌절에 대해 들려 준 고객 중 한 명이다. 내가 그녀의 트레이너로 일하기 시작한 1982년에 그녀는 영화 '징크스Jinxed'에 출연했는데 비평가들의 혹평을 받았다. 그녀는 몹시 지쳐 있었다. 2년 전 '로즈The Rose'라는 영화로 아카데미상 후보에까지 올랐기 때문에 더더욱 비평가들의 혹평이 그녀의 마음을 짓눌렀다.

베트는 의기소침했지만 결코 포기하지 않았다. 넉넉지 않은 집안에서 자란 베트는 처음엔 싸구려 나이트클럽과 술집을 전전하며 노래를 불렀다. 그녀는 순전히 혼자 힘으로 스타덤에 오른 입지전적인 인물이다. 커다란 난관 앞에서도 쉽게 포기하지 않았다. 그녀는 나에게 이렇게 말하곤 했다.

"더 이상 나빠지려야 나빠질 수 없을 만큼 추락했으니 이제 더 좋아질 일만 남았죠."

베트는 무의식중에 "갈 때까지 가보자"는 말을 몸소 체득하고 있었다. 그녀가 다음 영화에 캐스팅되었을 때 우리 두 사람은 함께 웃지 않을 수 없었다. 영화 제목이 그녀의 인생 역정과 절묘하게 맞아 떨어졌기 때문이었다. 이름하여 '베벌리힐스의 낮과 밤'이라는 영화였다. 영화 제목의 아이러니는 두 명의 다른 주연배우인 닉 놀테와 리차드 드레이퓨스의 인생 역정과도 기가 막히게 맞아 떨어졌다. 결국 영화는 대성공을 거두었고 세 명의 주연배우들도 화려한 재기에 성공했다.

그 영화가 개봉되기 전에 그녀에게는 전화가 한 통도 오지 않았었다. 그러나 새 영화가 격찬을 받자 끊임없이 전화벨이 울려댔다. 운동을 하기가 어려울 정도로 영화 제작자들의 출연 요청이 쇄도했다. 베트는 서글프게 웃으며 내게 말했다.

"제이크, 정말로 인생살이 새옹지마군요."

구덩이와 함정

이 책의 앞에서 나는 창업을 통해 자신의 모든 걸 다 바쳐 혼신의 노력을 기울여야 한다고 강조한 바 있다. 메이저리그 라크로스(MLL)가 창단 5년째를 맞이하고 있는 현 시점에 나는 라크로스와 스포츠, 휘트니스에 대한 나의 애정에 하루하루 감사하는 마음으로 지낸다. 그런 애정이 없었다면 나는 지금쯤 완전히 녹다운되었을 것이다. 그 무엇과도 바꿀 수 없는 소중한 경험이다.

하지만 나는 보디빌더로 일했을 때보다 메이저리그 오너로 일하면서 더 많은 실패와 좌절을 맛보고 있다.

> 친구들과 전문가들을 신뢰해라. 하지만 무엇보다 자신의 소신을 신뢰하라!

자기사업을 하다보면 때론 길거리에 버려진 헌 신문지처럼 이리 차이고 저리 차이기도 한다. MLL을 운영하면서 나는 스포츠계에 수백만 명의 관중들이 있으며 이들 모두가 우리를 감시하는 눈이며 모두 나름의 의견과 생각을 가지고 있다는 걸 알게 되었다. 우리는 그들의 의견을 소중하게 생각한다.

자기사업을 하다 보면 비평가들도 있고 말만 앞세우는 사람들도 만나게 된다. 이들은 모두 사업의 일부다. 고객과 가족, 경쟁업체 심지어는 당신의 차를 주차시키는 주차요원까지 모두 당신의 일거수일투족에 관심을 갖고 있다. 그들은 모두 당신이 실패할 거라고 말할 것이다. 이런 말을 들을 때면 살짝 미소를 짓고 고개를 끄덕여라. 그리고 자신의 계획에 집중해라.

자신이 존경하는 사람들의 의견에 귀를 기울이되 최종적으로는 자신의 소신을 따르라. 그 누구도 앞길을 가로막도록 해서는 안 된다. 이런 저런 말들에 휩쓸리거나 좌절해서는 안 된다. 때론 심리적 압박이 사업을 운영하는 실제적 어려움보다 더 극복하기 어려운 경우가 있다. 이에 대비해라. 두려움을 극복하고 장기적인 계획에 초점을 맞춰라.

MLL을 출범시키는 과정에서 내 앞에 매일 하루에 35개의 구덩이가 나타났었다. 나는 37개의 구덩이에 모두 빠졌다. 출범 두 번째 해에는 그중 25%를 피할 수 있었다. 이제는 아마 하루에 10개에서 20개의 구덩이에 빠지는 정도로 노련해졌다. 물론 개중에는 버스를 집어삼킬 정도로 커다란 구덩이도 있지만, 중요한 건 숫자가 점점 줄어든다는 사실이다. 또 내 주변에 유능한 인재들이 함께 있다는 점이다. 사업은 결코 쉽지 않다. 매일같이 넘어지고 부딪치고 깨질 각오를 해야 한다. 그러나 스트리트 스마트 사업가 사전에 포기란 없다.

한 연구소가 사업 실패로 파산한 경험이 있는 3,400명의 사업가들을 대상으로 조사를 실시한 바 있다. 응답자의 25%는 곧장 다른 사업을 시작할 계획이라고 답했다. 또다시 사업에 실패한다면 처음부터 다시 시작할 의향이 있느냐는 질문엔 61% 이상이 그렇다고 답했다.

경영 심리학자인 데이빗 웨이먼은 〈비즈니스 위크〉와의 인터뷰에서 "사업가들은 다른 사람들이 가지 않는 길이라 하여도 계속 전진할 수 있는 능력을 가지고 있다"고 분석했다. 〈비즈니스 위크〉는 1970년 레스토랑 체인을 운영하다 파산한 필 홀랜드라는 사업가의 사례를 인용했다.

그는 안정된 대기업의 관리직도 마다하고 진정한 사업가답게 스스로 운명을 개척하길 원했다. 그러나 그는 파산했다. 하지만 그는 실패를 인생의 종착역으로 보지 않았다. 온갖 어려움 속에서도 새로운 사업을 시작하기로 마음먹은 그는 여기저기서 5천 달러를 긁어모아 LA에 '염염 도넛 체인Yum Yum Donut Shop' 1호점을 오픈했다. 이후 이 사업은 138개의 점포를 보유한 체인으로 성장했고 필은 1989년에 이 사업을 매각해 그 수익으로 대형 쇼핑센터를 인수했다.

변화를 두려워하지 마라!

브랜드 라이센스 업체로 안정적인 수익을 올리고 있던 BBJ를 자체 제품을 생산하는 기업으로 탈바꿈하는 문제에 관해 처음 이야기가 나왔을 때 나는 솔직히 이렇게 생각했다.

"잘 되고 있는 사업을 왜 바꾸려 하지? 수익도 좋은데, 굳이 뜯어고칠 필요가 있을까?"

변화에 대한 두려움은 실패에 대한 두려움 다음으로 스트리트 스마트 사업가에게 치명적인 일이다. 변화를 거부하고 시시각각 변하는 시장과 경제, 기술 변화에 대응하지 못하면 보다 능동적이고 혁신적인 경쟁사에 질 수밖에 없다. IBM의 경우를 보자. IBM은 초기 가정용 컴퓨터와 노트북 제조기술을 보유하고 있었지만 수익성 높은 기업용 메인프레임 시장의 지배적 위치에 집착했다. 그러다 빌 게이츠가 이끄는 마이크로소프트와 스티브 잡스가 이끄는 애플을 비롯해 컴팩, 델, 게이트웨이 등 보다 민첩하고 혁신적인 기업들이 등장하면서 변화를 거부한 IBM은 순식간에 세계 초일류 컴퓨터 기업으로서의 위상을 잃고 말았다.

> 변화에 대한 두려움은 실패에 대한 두려움 다음으로 스트리트 스마트 사업가에게 치명적이다.

기업을 이끄는 사람은 변화를 환영하고 주도해야 한다. 사회적 경향과 기술 발전, 변화하는 경제 환경을 이해하고 변화를 주도하고자 하는 의지를 사람들에게 알려야 한다. BBJ가 인터넷에 주목하지 않아 인터넷 사업에 바로 뛰어들지 않았다면, 다른 사업으로는 인터넷 사업으로 벌어들인 매출과 수익을 올리지 못했을 것이다.

스트리트 스마트 사업가는 자신의 뿌리가 스트리트라는 사실을 잊지 않는다. 바깥세상에서 벌어지고 있는 일들에 촉각을 곤두세운다. 사업이 거대 글로벌 기업으로 성장하더라도 마찬가지다. 변화하는 시장 상황과 기술 발전, 사회적 경향을 외면할 수는 없다. 변화에 적응하고 변화를 주도해야 한다. 자신이 거느리고 있는 직원 혹은 최고경영자들이 이런 변화에 주목하고 있을 거라고 지레짐작해서는 안 된다. 이들은 회사 내의 일상적인 업무에 치여 창밖을 내다보거나 바깥세상 사람들과 대화를 나눌 여유가 없다.

회사 내에서 변화를 주도해야 할 사람은 바로 당신이다. 변화를 두려워하는 직원이 있으면 교육을 통해 태도를 바꿔놓던가 해

고시켜야 한다. 직원들을 변화에 동참하도록 만드는 방법은 먼저 그들에게 큰 그림을 보여 주고 그들이 있어야 할 자리를 알려 주는 것이다.

전통을 창조하고 발전시켜라

메이저리그 라크로스를 창단하면서 나는 게임 방식에 몇 가지 변화를 주기로 했다. 나는 미국에서 가장 오랜 전통을 자랑하는 스포츠에 커다란 변화를 일으킨 장본인이다. 이 때문에 비난을 받았는지 궁금한가? 물론 처음엔 선수들과 코치, 팬 그리고 라크로스에 대해 조금이라도 관심이 있는 사람들로부터 많은 비난을 받았다.

하지만 나에겐 든든한 파트너인 데이브 머로우와 팀 로버트슨이 있었다. 물론 라크로스의 훌륭한 전통을 이해하고 존경하지만, 경쟁력을 갖추기 위해서는 스포츠도 변해야 한다고 생각한다. 프로 농구와 야구, 축구도 시간이 지나면서 경기 규칙이 바뀌지 않았는가. 농구의 3점숏 플레이와 공격 제한시간이 대표적인 예다.

우리는 TV 방영권 확보 경쟁이 치열하지 않은 여름에 경기를 치르도록 함으로써 틈새시장을 파고들려고 노력했다. 또 우리는 리그의 성장과 발전의 기회를 원했다. 그래서 가장 먼저 유니폼과 헬멧, 장비를 새롭게 디자인했다. 그런 다음, 미국에서 가장 역동적인 스포츠로 이미 정평이 난 라크로스에 45초 공격 제한시간을 둠으로써 우리가 추구하는 변화에 가속도를 붙였다. 그 후 공격 제한시간을 60초로 다소 늦추긴 했지만 이런 변화는 공격과 수비간에 경쟁적 균형을 유지하는 동시에 경기에 박진감을 불어넣기 위한 조치였다. 눈에 확 띄도록 라크로스 볼의 색상도 바꿨다. 우리의 목표는 오직 팬들을 위해 라크로스를 최대한 흥미진진한 게임으로 만드는 것이었다.

전통을 중시하는 라크로스에겐 커나란 변화임에 틀림없다. 그래서 이런 변화에 대한 저항도 있었다. 라크로스의 경기 규칙이 바뀌는 걸 달갑게 않게 여기는 사람들에게서 많은 비난을 들었다. 하지만 사업에서 변화를 주도하는 것은 미래의 방향뿐만 아니라 지금까지 걸어온 길을 재확인하는 것이다.

우리는 라크로스의 역사에 대해 조금은 안다고 자부한다. 라크로스에 대한 최초의 기록은 1636년으로 거슬러 올라간다. 이후 라크로스는 다양한 변화를 겪어 왔다. 그래서 우리가 추구한 변화를 비난하는 사람들에게 나는 오랫동안 사랑받는 대부분의 스포츠와 마찬가지로 라크로스도 400년에 가까운 오랜 세월에 걸쳐 경기 규칙과 방식이 계속해서 변화했다는 사실을 상기시켰다.

라크로스는 미국 인디언들이 하던 게임에서 비롯되었는데 초창기에는 정해진 규칙이란 게 거의 없었다. 북미대륙 전역에 걸쳐 종족마다 규칙이 크게 달랐다. 공은 대개 사슴가죽으로 만들었지만 스틱의 종류는 천차만별이었다. 때론 일몰과 일출 사이에 휴식을 취하면서 며칠씩 경기가 계속되는 경우도 있었다. 수마일에 걸쳐 펼쳐진 경기장에서 무려 천여 명의 선수들이 경기에 참가했다. 이쯤 되면 스포츠라기보다는 전투에 가까웠다. 이 당시 선수들은 보호장구나 신발도 착용하지 않았다. 인디언들의 게임을 관전한 한 프랑스인은 "살인을 제외한 거의 모든 것이 허용되는 스포츠"라고 말했을 정도다.

역사적 관점에서 볼 때 라크로스는 커다란 변화를 겪어 왔다. 비즈니스의 변화에 직면했을 때는 역사를 돌이켜 보는 게 좋다. 이 세상 모든 만물이 적응과 생존을 위해 변화를 겪는다. 지금까지 얻은 결과보다 더 나은 결과를 원한다면 지금까지 해왔던 관행에 변화를 주는 게 당연하다. 그런데 왜 그렇게 많은 사업가들이(일반인들은 말할 것도 없이) 더 나은 미래를 위한 변화를 두려워할까? 내가 이해할 수 없는 부분이다.

두려워 마라!

사업이 어려움에 처해 있건 짭짤한 수익을 올리고 있건, 혹은 시장을 장악하고 있건 간에 오너인 당신은 부하 직원들에게 변화의 필요성을 설득하고 이들을 동참시켜야 한다. 왜냐고? 사업에 영향을 미치는 모든 일이 끊임없는 변화를 겪고 있기 때문이다. 기업이 변화를 거부한다면 변화하는 비즈니스 환경과 기술 발전, 시장 상황에서 침몰하기 때문이다.

1. 변화는 생존에 관한 문제다 스트리트 스마트 사업가는 일시적인 유행이나 트렌드를 쫓지 않는다. 그들은 장기적인 성장과 생존을 위한, 그래서 기업이 계속해서 수익을 올리고 직원들을 고용할 수 있도록 끊임없이 변화를 추구한다. 명심하라. 가장 먼저 변화를 줘야하는 대상은 바로 당신 자신이다.

2. 변화는 회사와 직원에 관한 문제다 직원들을 변화에 동참하도록 설득하고 함께 변화의 흐름을 타고 나가기 위해서는 이들에게 변화가 가져올 혜택을 제시해야 한다. 특히나 변화로 인해 그들의 직장 생활에 변화가 발생한다면 더더욱 그렇다. 변화로 인해 어떤 사람은 원치 않는 일을 맡게 될 수도 있고, 어떤 사람은 일자리를 잃을 수도 있다. 변화의 결과가 뻔히 부정적인 상황에서 직원들이 변화에 동참하리라고 기대해서는 안 된다. 사업에 지장을 주지 않고 직원들에게 회사를 떠날 수 있는 선택권을 주고 변화의 고통을 최소화하도록 노력하라.

3. 변화에 저항하는 사람들의 목소리에 귀를 귀울여라 앞서 말했다시피 나는 나의 직감과 소신에 따라 행동하는 사람이다. 하지만 내가 모르는 것도 있다는 걸 잘 알고 있다. 그래서 나와 함께 일하는 주변의 유능한 사람들이 나와 다른 의견을 가지고 있을 때, 특히 내가 원하는 사업상의 변화에 의문을 제기할 때 그들의 목소리에 귀를 기울인다. 변화를 두려워하고 본능적으로 거부하는 사람들도 있지만 때론 그럴 만한 충분한 이유가 있을 때도 있다. 당신이 고용하고 있는 유능한 사람들이 변화를 거부할 때는 그들의 목소리에도 귀를 기울여야 한다. 이렇게 하는 것이 보다 낳은 변화를 위해 도움이 될 수 있다.

4. 자발적 참여를 유도하라 사람들이 따르지 않는 리더란 있을 수 없다. 변화를 만들고 주도하는 것 사이에는 분명한 차이가 있다. 대부분의 기업에는 '변화 관리자'라는 사람들이 있어서 직원들에게 변화에 따를 것을 억지로 강요하기도 한다. 하지만 이 경우 직원들이 변화에 따르는 이유는 직장을 잃지 않기 위해서일뿐이다. 그렇게 되면 높은 성과를 발휘할 가능성이 그만큼 떨어지고 미래의 변화를 받아들일 가능성은 더더욱 없다. 어쩌면 변화가 일을 망쳐놓을 지도 모른다. 그러기에 직원들에게 회사와 함께 성장할 수 있는 더 나은 방법을 제시한다면 직원들은 안심하고 변화를 받아들일 것이다.

5. 쉬운 길은 없다 변화가 마치 기업의 모든 문제를 해결할 수 있는 만병통치약이나 되는 것처럼 떠벌린다면 직원들은 변화의 노력에 냉소적으로 반응하거나 변화를 거부한다. 명심하라. 우리가 원하는 건 변화를 비즈니스의 일부로 받아들이는 문화이다. 변화를 위한 변화는 옳지 않다. 비즈니스를 위한 변화여야 한다.

한 걸음 물러서서 큰 그림을 보면 변화나 리스크에 대한 두려움은 대개 어리석은 일처럼 보인다. 하지만 사업의 미래가 달려 있는 상황에서 이런 두려움은 실제적인 문제로 다가온다. 그래서 리스크를 감수하고 변화를 실행하는 일은 아침에 문을 열고 저녁에 문을 닫는 것처럼 일상적인 비즈니스의 일부라는 점을 명심해야 한다. 언제라도 리스크나 변화를 받아들일 준비가 되어 있어야 한다. 스트리트 스마트 성공을 위해서는 이 두 가지를 친구처럼 생각해야 한다.

변하라! 두려워하지 마라!

Chapter 10

기업의 사회적 책임, 사회 환원

브루클린의 한 고등학교 과학 교사에게서 편지를 한 통 받은 적이 있다. 자신을 매일 나비 넥타이에 버튼다운 셔츠를 입고 학교로 출근하는 고지식한 사람이라고 소개하면서, 그의 학교에서 내가 했던 연설에 정말 큰 감동을 받았다는 편지를 써왔다.

나는 내가 가장 좋아하는 사업인 'Don't Quit!(포기하지 말라!) 재단'의 일로 강연을 자주 나간다. 이 재단은 실질적인 차이를 만들기 위해 내가 설립한 비영리 자선단체다. 전국의 학교에 휘트니스 센터를 기증하는 사업이다.

휘트니스 센터 개관식에 참석할 때면 나는 늘 학교 강당에 모인 학생과 교직원들을 상대로 몇 마디 연설을 한다. 학생들과 교사들에게 우리가 기부한 기구들을 잘 활용해 건강한 몸도 가꾸고 자신감도 키우라고 주문한다.

브루클린의 과학 교사는 나의 이런 주문을 실천에 옮겼고 생각지도 못한 소득을 거두었다고 말했다. 새로 건립된 휘트니스 센터에서 학생들과 함께 운동을 하기 전까지는 학생들이 항상 그의 학자다운 외모와 어려운 과학 과목에 주눅들어 있었다고 한다. 사실 이 교사는 만능 스포츠맨에 마라톤 선수이기도 했지만, 함께 운동을 하기 전에는 학생들이 그의 이런 면을 보지 못했던 것이다.

"어느 날 체육관에서 러닝머신에 올랐는데, 운동을 왔던 다섯 명의 학생들이 깜짝 놀라며 '선생님, 러닝머신에서 뛰는 모습이 마치 슈퍼맨 같아요!'라고 말하더군요."

학생들이 어렵기만 했던 과학 선생님을 다시 보게 된 것이다. 휘트니스 센터가 선생님의 새로운 면을 발견하고 선생님과의 거리를 좁힐 수 있는 계기가 된 것이다.

"그때부터 이 다섯 아이들과 친구처럼 지내게 되었습니다. 아이들도 내가 그들의 미래에 관심을 갖고 있는 친근하고 편안한 사람이란 걸 알면서부터는 열심히 공부하기 시작했습니다."

전국의 빈곤층 지역 중고등학교에 휘트니스 센터를 기증하는 조그만 일을 통해 내가 바라는 것이 바로 이런 것이다. 스트리트 스마트 사업가는 사회에 기여하는 방법을 찾는 데에도 스마트하다. 기업 이익의 사회 환원은 비즈니스 관점에서도 도움이 될 뿐만 아니라 자기 자신과 직원들 그리고 고객들에게 보다 나은 삶을 가져다 준다.

뚱보였던 어린 시절 헬스와 휘트니스를 통해 새로운 인생을 찾은 나로서는 어린 학생들의 비만 문제에 관한 신문기사나 TV 보도를 접할 때마다 답답한 마음이 든다. 이런 소식을 접할 때마다 어떻게 하면 아이들을 건강하게 자랄 수 있도록 만들까 고민을 했다. 당신도 어떤 분야의 사업을 하건 얼마의 수익을 올리건 사회 문제에 관심을 갖기 바란다. 그리고 단순한 관심의 차원을 넘어 문제 해결을 위해 팔을 걷어붙이길 바란다. 다시 말해, 기업의 사회적 책임에 대해서도 생각해 보기를 바란다.

테레사 수녀가 되라고 말하는 게 아니다. 사업가라면 누구나 할 수 있는 일이 있기 마련이다. 기업 이익(혹은 당신의 시간과 노력, 지식)의 사회 환원을 통해 얻을 수 있는 혜택이 얼마나 큰지 알면 아마 놀랄 것이다.

| 기업의 사회적 기여는 예상치 못한 혜택으로 돌아온다.

개인적인 경험에 비춰 볼 때 내 사업상 동료 대부분은 사회봉사나 자선활동을 통해서 알게 된 사람들이다. 다른 사업가와 비

즈니스 리더들도 어려운 사람들에게 도움을 주는 사람을 높이 평가한다. 그리곤 때론 기대 이상의 도움을 주기도 한다. 기업의 사회적 기여는 예상치 못한 혜택으로 돌아온다. 어려운 사람들에게 물건을 무상으로 기증하는 일은 돈을 받고 물건을 팔 때보다 더 큰 기쁨과 보람을 준다. 자선 활동을 통해 연결된 인맥은 사업에도 커다란 도움이 된다.

사업이 아직 완전히 자리를 잡지 못했다 하여도 주위를 살펴보고 당신이 할 수 있는 일이 무엇인지 생각해 보길 바란다. "혼자 뭘 할 수 있겠어?"라는 케케묵은 변명 따윈 하지 말아라. 세상을 구하라고 요구하는 게 아니다. 한 사람 한 사람의 조그만 노력이 모일 때 얼마나 큰 변화를 가져올지 생각하라. 빌 게이츠처럼 어마어마한 재산을 사회에 환원하라는 게 아니다. 하지만 분명 빌 게이츠는 본받을 만하다. 그가 설립한 '빌&멜린다 게이츠 재단'은 270억 달러 이상의 자산을 보유하고 있으며 도서관, 학교, 보건단체 등에 매년 12억 달러를 기부하고 있다.

다 형편대로 하는 것 아니겠는가. 사업이 아직 자리를 잡지 못해 어렵더라도 주위의 어려운 이웃이나 작은 학교, 고아원, 환경단체, 소수 민족, YMCA, 보이스카우트, 사랑의 집짓기 운동본부 등에 기부를 할 수 있고 직접 자원봉사를 할 수도 있다. 사업으로 큰돈을 벌었다면 비영리재단 설립을 고려해볼 수도 있다. 그러나 사회봉사나 자선활동도 신중한 접근이 필요하다. 그저 아무렇게나 돈을 쓰고 나서 사회를 위해 뭔가 했다고 생각하면 큰 오산이다. 물고기를 잡아 주는 것보다 물고기 잡는 방법을 알려주는 게 더 낫기 때문이다.

토드 와그너는 38세 되던 해 그가 창업한 Broadcast.com이 월가 역사상 최대의 일일상승가를 기록한 이후 토드 R. 와그너 재단을 설립했다. 하루아침에 돈방석에 앉게 된 그는 기업 이익의 사회환원 방법에 대해서도 남다른 방법을 생각해 냈다.

그는 사업가라는 직업을 가진 사람만이 할 수 있는 방법을 택했다. 비영리단체가 보다 효율적으로 운영될 수 있도록 비즈니스 기술을 전수한 것이다. 그가 설립한 재단은 소수 인종의 신생기업들에게 자금을 지원함으로써 '기술력의 평등화'를 추구한다. 또한 댈러스에 기술센터를 설립해 무료 교육을 제공한다. 토드는 이를 '사회사업'이라고 불렀다. 사회봉사라고 해서 단순히 돈만 투자하는 게 아니라 시간과 기술을 함께 투자하는 것이다.

비 살라자르는 하루아침에 돈방석에 앉은 사업가는 아니지만 결식아동들에게 땅콩버터 젤리 샌드위치를 만들어 주는 일로 자선사업을 펼쳤다. 텍사스주 캐럴턴에서 비영리단체인 비즈키즈 Bea's Kids의 설립자이자 대표로 활동하는 그녀는 허리수술을 받고 신체장애를 겪으면서 심한 우울증에 시달렸다.

그러던 어느 여름날 오후 그녀는 집 근처에서 한 어린 소년이 먹을 것을 찾아 쓰레기통을 뒤지는 모습을 목격한다. 그녀는 어린 소년에게 땅콩버터 젤리 샌드위치를 만들어 주고 집으로 돌려

보냈다. 불과 몇 분 후 그녀는 누군가 현관문을 두드리는 소리를 들었다. 여섯 명의 아이들이 소문을 듣고 샌드위치를 얻어먹기 위해 그녀를 찾아온 것이었다. 부모들이 모두 일을 하러 나가 끼니를 거르기 일쑤인 결식아동들이었다. 그녀는 또 빵과 땅콩버터, 젤리로 아이들에게 샌드위치를 만들어 주었고 이 일을 계기로 그녀는 사회사업에 뛰어들었다.

이제 10년이 된 그녀의 비영리단체는 매일 100여 명의 결식아동들에게 식사를 제공할 뿐만 아니라 그들의 학업도 도와주고 있다. 500명이 넘는 아이들이 그녀의 자선활동의 혜택을 받았다.

> 사회봉사는 거창한 게 아니다. 형편대로 하면 된다.

자기 동네의 일이건 먼 나라의 일이건 사업가라면 세상과의 끈을 놓치지 않아야 한다. 자선사업을 통해 소외계층을 돕는 일은 세상과의 끈을 놓치지 않는 좋은 방법이다.

나는 참 복이 많은 사람이다. 평범한 가정에서 태어나 대학 졸업장도 없는 내가 과분할 정도의 성공을 거뒀으니 말이다. 나는 그 성공을 조금이라도 사회에 돌려주기 위해 노력한다. 당신도 빌 게이츠처럼 토드 와그너처럼 비 살라자르처럼 당신의 형편에 맞게 사회를 위해 봉사하기를 권한다.

봉사 활동 전문가

나의 아내인 트레이시는 사람들의 삶을 긍정적으로 바꾸는 일에 깊은 관심을 가지고 있다. 내가 건강박람회에 참여하는 일이 사람들에게 얼마나 큰 영향을 주는지 잘 모르겠다고 하자 어느 날 그녀는 나에게 진정한 변화를 만들어보라고 충고했다.

그때 비로소 나는 비만 아동들의 삶에 진정한 변화를 줄 수 있는 방법을 찾기 시작했다. 스트리트 스마트 사업가들에게 내가 강조하는 것 중 하나가 자신이 모르는 분야가 있으면 잘 아는 사람의 도움을 받으라는 것이다. 그래서 나는 휘트니스 분야와 사회 봉사활동 모두에 조예가 깊은 사람을 찾아 나섰다.

그렇게 해서 만난 사람이 바로 주디스 키퍼다. 변호사이자 마라톤 선수이기도 한 그녀는 당시 대통령체육자문위원회 위원으로 활동하고 있었다. 주디스는 또한 오랫동안 자선단체에서 활동해 온 베테랑이었다. 나는 그녀를 영입해 돈 퀴트 재단의 운영을 맡겼다.

내 목표는 아주 단순했다. 어린 학생들에게 보다 건강한 생활 습관과 자신감을 키워 줄 수 있는 도구를 주는 것이었다. 하지만 목표가 단순하다고 손쉬운 성공이 보장되는 건 아니다. 아무리 좋은 일이라 하여도 무언가를 무상으로 기증하는 일은 생각만큼 쉽지 않다.

돈 퀴트 재단의 목표는 학생들이 육체적, 정신적으로 건강한 삶을 가꿔 나갈 수 있도록 각종 지원과 교육을 제공하는 것이다. 그래서 가난한 지역의 중고등학교에 휘트니스 센터를 무상으로 건립해 주는 사업을 펼치고 있었다. 참으로 단순한 콘셉트이고, 이것이 바로 이 사업의 장점이다.

고맙게도 사이벡스&플렉스Cybex and Flex라는 휘트니스 기구 회사가 10만 달러 상당의 각종 운동기구들을 아주 저렴한 가격에 제공해 준다. 일단 휘트니스 센터를 기증할 학교가 선정되면 우리는 교내에 센터를 지을 만한 공간이 있는지 살핀다. 그런 다음 세부적인 공사로 들어간다. 학교 측에서는 미술에 소질이 있는 학생들을 선발해 보디 바이 제이크와 돈 퀴트 재단의 엠블렘, 학교 로고와 마스코트를 벽에 그린다.

간혹 어떤 학교는 의심을 품기도 한다. 그저 무상으로 휘트니스 센터를 지어 준다니. 그러나 우리는 정말로 완전 무상으로 휘트니스 센터를 건립해 준다. 우리는 단지 학교와 학생들에게 더 나은 삶을 가꿀 수 있는 도구만을 제공하는 것이다.

간단한 개관식을 마친 후 우리는 조용히 사라진다. 단 5년 만에 우리는 캘리포니아와 워싱턴, 콜롬비아, 뉴욕, 매릴랜드, 펜실베이니아, 오하이오, 텍사스, 플로리다, 미시건 등 전국 각지의 28개 학교에 돈 퀴트 휘트니스 센터를 세웠다. 그리고 지금도 훨씬 더 많은 수의 센터 건립이 진행 중이다.

나는 센터 개관식이 있을 때면 아무리 바빠도 꼭 참석한다. 나를 자랑하고 싶어서가 아니라 청소년들을 보기 위해서다. 그들을 보고 있으면 밝은 미래가 느껴진다. 이 사업을 보다 더 뜻깊게 만드는 또 다른 요소는 하나의 휘트니스 센터 건립에 필요한 자금 중 5만 달러가 기부금으로 조성된다는 점이다. 대개 이런 기부금을 내는 사람들은 현지에 거주하거나 현지 지역 출신인 사업가나 일반인들이다.

제너럴 모터스와 TCI를 비롯한 많은 기업과 사업가들이 휘트니스 센터 건립에 도움을 주고 있다. 해당 학교의 출신 인사가 기부금을 출연하는 경우도 있다. 대부분이 어린 학생들의 삶에 긍정적인 영향을 줄 수 있는 일에 뜻을 같이하는 내 친구들과 사업상의 동료들이다.

한 번은 댈러스에서 활발한 활동을 펼치는 듀프리 밀러 출판 에이전시의 대표 잰 밀러가 그녀의 남편 제프 리치에게 돈 퀴트 휘트니스 센터에 관한 소식을 알려 주었다. 제프는 하키리그에서 활약하는 운동선수이자 〈포춘〉지 500대 기업에 선정된 40억 달러 자산(전 세계에 4만여 명의 직원을 거느린)의 IT 기업인 ACS의 CEO이기도 하다. 제프는 4개의 휘트니스 센터 건립에 자금을 지원했다.

영화 '식스 센스'와 '씨비스킷', '본 아이덴티티'뿐만 아니라 스필버그 감독의 여러 작품에서 제작자로 활동한 오랜 친구 프랭크 마셜과 '알렉스와 엠마', '포레스트 검프'의 제작자 스티브 티쉬 역시 휘트니스 센터 건립에 많은 도움을 주었다. 가장 열렬한 후원자인 워렌 피트 뮈세와 힐러리 뮈쉐를 소개해 준 사람도 다름 아닌 프랭크 마셜이었다. 피트는 첨단기술 사업을 발굴, 운영하는 세이프가드 사이언티픽의 창업자다.

　자선사업을 하면서 한 가지 주의해야 할 점이 있다. 후원자들은 그들이 출연한 돈이 어디에 어떻게 쓰여 사람들이 어떤 혜택을 받고 있는지 알고 싶어한다는 점이다. 우리 사업의 후원자들은 센터 개관식에 참석하거나 운영 중인 시설을 방문해서 학생들과 교사들이 함께 체력도 단련하고 자신감도 키우는 모습을 보며 뿌듯함을 느낀다. 자신이 출연한 기금이 사회에 얼마나 큰 기여를 했는 지를 직접 보고 느낀 사람들은 더욱더 열성적으로 자선사업에 참여한다.

　내가 피트 뮈세를 만난 것은 그가 프랭크 마셜의 이름으로 퀴트 휘트니스 센터에 기부 의사를 밝힌 1998년이었다. 피트 뮈세는 마셜과 함께 올림픽에 관한 아이맥스 영화 제작에 참여했었다. 센터의 개관식에서 처음 피트를 만나고 나는 그가 참 괜찮은 사람이라는 인상을 받았다. 그 자리에서 그가 나를 돌아보며 "이런 센터를 한 20개쯤 건립하고 싶다."고 말했을 때까지만 해도 나는 그가 농담을 하는 줄 알았다. 하지만 그는 바로 다음주에 나에게 전화를 걸었다.

　그와 함께 점심식사를 하면서도 나는 그가 정말로 자신이 한 말을 실행에 옮길지 몰랐다. 내가 아침 7시에 그의 회사를 찾아갔을 때 그는 중역회의 중이었다. 그는 나를 회의에 참석시키고는 중역들에게 갑자기 그 건을 이야기했는데 그의 말을 듣고 나는 놀라지 않을 수 없었다.

"제이크씨를 도와 돈 퀴트 휘트니스 센터를 하나 건립했는데 참으로 뜻깊은 사업이었습니다. 여러분도 이 사업에 동참하셨으면 좋겠습니다. 자발적으로 참여하시지 않으면 여러분의 급여에서 공제하겠습니다."

당연히 12명의 참석자 모두 자발적으로(?) 기부를 약속했다(경제적인 여유가 충분한 사람들이니 걱정 마시라). 그리고 나서 피트는 나에게 한마디하라며 자리를 내줬다. 지금까지 살아오면서 너무 어안이 벙벙해 아무 말도 할 수 없었던 적은 그때가 처음이었던 것 같다. 나는 간신히 고맙다는 말만 하고 다시 자리에 앉았다. 그리고 몇 주 후 기부금이 입금됐다. 항상 이렇게 쉽다면 얼마나 좋을까하는 생각이 든다.

스트리트 스마트 기업의 사회적 기여

1. **진지하게 임하라!** 기존 자선단체에 돈을 기부하건 새로운 자선단체를 설립하건 돈뿐만 아니라 열정도 쏟아 붓길 바란다.

진지하게 임하라!

대형 승용차 사업을 하고 있다면 해당 지역의 고객 중에 형편이 어려운 집안의 자녀들에게 장학금을 지급하는 것도 좋은 방법이다. 이들이 나중에 자동차 대리점이나 수리점을 운영하길 원할지도 모른다. 아니면 자동차 사고자들을 위한 재활센터를 건립하는 것도 좋다. 변호사 사무실을 운영하는 사람이라면 변호사를 선임할 형편이 안 되는 사람들을 위해 무료 법률상담을 제공하는 비영리단체를 세우는 것도 좋은 사회환원의 예다. 자선사업이 꼭 엄청난 부자니 할리우드의 유명인들만 할 수 있는 일은 아니다.

가정 형편이 어려운 아이들을 위한 프로그램은 많다. 하지만 아이들이 자신감을 갖지 못하면 이들을 도와줄 수 없다. 건강을 가꾸는 일이 그만큼 중요한 이유이기도 하다. 휘트니스 센터를 이용하는 어린 학생들에게서 나의 모습을 보곤 한다. 돈 퀴트 재단의 사업을 내가 개인적으로 각별하게 생각하는 이유가 바로 이 때문이다. 여러분도 이만큼 자신에게 각별한 의미가 있는 일을 통해 사회에 기여하길 바란다.

2. 마음을 담아라　자선사업은 생각보다 어려울 수 있다. 주디스와 내가 학교에 연락해 휘트니스 센터를 무상으로 기증하겠다고 하면 가끔 학교측에서 우리 제안을 진심으로 받아들이지 않아 애를 먹는 경우가 있다. 주디스는 학교 시스템을 비롯한 대규모

의 조직이 어떤 식으로 운영되는지 잘 알고 있다. 그래서 학교 당국이 흔히 무상기증을 달갑지 않게 생각하는 것도 잘 알고 있다. 기증을 받으면 이를 운영할 추가 인력에 대한 자금지원 없이 행정 부담만 늘어나 결국 업무량이 증가하기 때문이다.

이런 사실을 잘 아는 우리는 휘트니스 센터를 기증할 때 학교 당국에 교직원이나 학생, 자원봉사자 한두 명만으로도 충분히 운영이 가능하다는 사실을 강조한다.

주디스는 운영비 부담 때문에 무상기증을 거절하는 학교가 의외로 많다는 사실에 놀라곤 한다. 누군가 도서관 건물을 학교에 기증한다고 하자. 하지만 학교 입장에서는 책과 서가, 관리 인력에 대한 재원을 마련해야 하는 숙제를 안게 된다. 하지만 체육 교육에 대한 정부 지원이 축소되면서 전교생이 이용할 수 있는 휘트니스 센터를 거절한 학교는 한 곳도 없었다.

사업가는 학교 측에서도 고마워할 거라고 생각하며 무상으로 학교에 무언가를 기증하려 하지만 사실 학교 입장에서는 무상으로 기증을 받더라도 운영 비용과 업무량만 늘어나는 일이라고 생각하는 경우가 많다. 그래서 무상기증을 제대로 하려면 수혜자 측에 어떤 부담도 줘서는 안 된다.

3. 운영 비용을 최소화 하라 돈 퀴트 재단에서 급료를 받는 사람은 주디스뿐이다. 그것도 컨설턴트로서의 최소 급료만 받는다. 사무실이나 기타 운영비용은 전혀 없다. 재단 운영비용을 최

소화함으로써 학교와 학생들에게 최대한의 혜택을 돌려 주기 위함이다.

흔히 너무나 많은 돈을 운영비용으로 쓰고 있다는 점이 자선단체의 문제점으로 지적된다. 자선단체의 운영비용은 최소화하라. 비영리단체도 사업을 운영하는 것처럼 알뜰하게 운영해야 한다.

4. 소문을 내라 휘트니스 센터 개관식이 있을 때면 우리는 늘 교직원과 학생들에게 자선활동과 사회환원의 중요성에 대해 이야기한다. 특히 학생들이 휘트니스 센터가 어떻게 문을 열게 되었으며 우리가 사회적 기여를 중요시하는 이유를 알아줬으면 한다. 언론사와 접촉해 개관식이나 시연 행사에 초대함으로써 지역 사회 전체에 소식을 전파하는 일도 중요하다. 생색을 내라는 얘기가 아니다. 자선사업이 꼭 필요한 일이라는 걸 보여 주는 방법이다.

5. 다른 기업들도 활용하자 돈 퀴트 재단은 제너럴 모터스, TCI, ACS를 비롯한 몇몇 주요 기업들로부터 많은 도움을 받았다. 이런 기업들로부터 도움을 받기 위해서는 많은 난관을 극복해야 하지만, 일단 인정을 받으면 기업의 도움은 자선활동에 큰 도움이 된다. 대부분의 큰 기업들은 자선 프로그램을 운영하고 있으

며 자선활동을 위한 별도의 기금을 마련해 놓고 있다.

다른 기업의 중역들에게 자선활동의 필요성을 설득하는 일을 부끄럽게 생각하지 말아라. 그들을 자선 프로그램의 파트너로 만들어라. 사회봉사가 얼마나 쉬운 일인지를 보여 줘라. 그리고 기업이 얻을 수 있는 혜택을 보여 줘라!

6. 포기하지 말라! BBJ가 문을 연지 얼마 되지 않은 어느 날 한 유명 운동화 제조회사로부터 연락을 받았다. 내 등록상표 모토인 돈 퀴트의 권리를 사고 싶다는 내용이었다. 하지만 나는 팔지 않았다. 앞으로도 결코 이 모토의 권리를 팔지 않을 생각이다.

이 말은 내가 힘든 역경을 극복하고 성공을 거두는데 큰 힘이 된, 나에겐 특별한 의미가 있는 말이기 때문이다. 아침에 일어나 이 말을 되새기며 용기를 얻었고, 메이저리그 라크로스와 같은 큰 사업을 벌일 수 있는 자신감을 얻었다. 나에게 이렇게 큰 의미가 있는 말을 다른 회사에 팔 생각은 전혀 없다. 하지만 많은 사람들과 얼마든지 공유하고 싶다.

나는 어려서 비록 뚱뚱했지만 나름대로 운동에 소질이 있다고 생각했다. 그래서 나는 농구부에 지원했고 당연히 합격할 거라고 생각했다. 그러나 합격자 명단에 내 이름은 없었다. 내가 얼마나 큰 충격을 받았겠는가. 과체중에 말도 더듬었지만 나름대로는 운동을 잘 한다고 생각했기 때문에 충격이 더 컸다. 너무 창피해서

거울에 비친 내 모습조차 볼 수 없었다.

합격자 명단이 발표되고 며칠 후 같은 동네에 사는 한 여자아이가 나를 위로하기 위해 한 편의 시를 건넸다. 당연히 큰 위로가 되진 못했다. 운동은 포기하고 차라리 문학클럽에 가입하라고 권유하는 시 같았다.

하지만 생각이 깊은 아이였기 때문에 나는 그 아이가 준 시를 여러 차례 읽어보았다. 그게 내 인생을 뒤바꿔놓았다. 에밀리 디킨슨이나 워즈워드의 시처럼 유명한 시는 아니었지만 나는 오늘날까지도 이 시를 내 책상 위에 붙여놓고 있다. 오랫동안 힘겨운 역경을 극복하는데 큰 힘이 된 시이다. 시의 제목은 다름 아닌 '돈 퀴트(포기하지 마라!)'이다.

Don't Quit!

일이 마음먹은 대로 풀리지 않을 때
힘겹게 걷고 있는 길이 모두 오르막길일 때
가진 건 없고 갚아야 할 건 많을 때
웃고 싶지만 한숨을 지어야 할 때
근심으로 마음이 무거울 때
쉬어야 한다면 쉬어라. 하지만 절대 포기하진 말라.

인생은 한 치 앞도 내다볼 수 없는 길
때론 다시 배우기도 하는 것처럼

수많은 실패가 성공으로 바뀐다.

조금만 더 버텼더라면 성공할 수 있었을 것을.

그러니 가는 길이 더뎌도 결코 포기하지 말라.

조금만 힘을 내면 성공할 수 있을 것이다.

성공과 실패는 종이 한 장 차이.

은빛 의구심의 구름이 걷히기 전까진

얼마나 가까이 다가왔는지 알 수 없으니

멀게만 느껴지는 성공이 가까이 다가와 있을지 모르니

가장 힘들 때 더욱 힘을 낼지어다

나락에 떨어진 것처럼 느낄 때가 바로 포기하지 말아야 할 때다.

그러니 절대 포기하지 마라!

모두들 당신의 사업 아이디어가 신통치 않다며, 아무도 커피 한 잔에 1달러 이상은 지불하지 않을 거라고 말할 때에도 절대 포기하지 말라! 오늘날의 스타벅스를 보아라!

다들 공짜로 다운받을 수 있는 음악을 돈주고 사려는 사람이 없을 거라며, 산업 기반 자체가 흔들릴 때에도 절대 포기하지 마라! 오늘날의 아이튠스를 보아라!

다들 야후가 시장을 장악하고 있다며 더 이상의 검색 엔진은 필요 없다고 말할 때에도 절대 포기하지 마라! 오늘날의 구글을 보아라! 스트리트 스마트 사업가에게 결코 포기란 없다!

스트리트 스마트를 잊지 마라! 그리고 명심하라. 수많은 유명인들의 벌거벗은 모습을 봤지만 그들이라고 당신보다 더 나을 게 없다! 굳게 믿으면 성공할 수 있다! 절대 포기하지 마라!

아직 할 말이 남아 있다. 내가 결코 포기하지 않는 사람이란 걸 잊지는 않으셨겠지?

나는 누군가에게서 "No!"라는 말을 들으면 내 머리 속에서는 그것을 'Yes'로 번역한다. 그렇기 때문에 나는 상대방에게 웃는 낯으로 감사를 표하고 미련 없이 그 자리를 뜬다. 그런 다음 계속 해서 '진짜 Yes'를 찾아 나선다.

나는 5년 동안 무려 755,000 차례나 "No!"라는 말을 들은 후에 마침내 FitTV 사업을 시작했다. 그리고 성공했다. 마침내 "Yes!" 라는 말을 얻어낸 것이다. 참으로 멋지지 않은가? 그러니 당신도 믿어야 한다.

대비하라. 언제 타석에 나갈지 모른다.

관행에 도전하는 걸 두려워하지 마라. "안됩니다."라는 말을 두려워하지 마라. 누군가로부터 "No."라는 말을 듣는다면 그 즉시 자동적으로 'Yes'라고 번역해라. 그리고 미련 없이 그 자리를 떠나라. 그리고 다시 Yes를 찾아 나서라. 그리고 준비하라.

스트리트 스마트한 사람이 되도록 노력하라. 자신과 자신의 꿈을 믿어라. 그 어떤 사람도, 그 어떤 것도 당신을 막을 수 없다. 지칠 때나 일이 마음먹은 대로 풀리지 않을 땐 다시 이 책을 펼쳐 'Don't Quit' 시를 읽어라. 포기하지 않고 전진하면 성공은 당신의 것이다.

|감사의 글|

진정한 스트리트 스마트 사업가는 자신의 장점을 최대한 살릴 수 있도록 도와주는 유능한 전문가들로 팀을 조직한다. 이 책을 쓰면서 나는 최고의 팀을 만날 수 있었다.

출판 에이전트인 잰 밀러Jan Miller를 비롯해 AMACOM 편집 책임자 재키 플린Jacquie Flynn, AMACOM 사장이자 발행인인 행크 케네디Hank Kennedy 등이 그들이다. 또한 지원을 아끼지 않은 미국경영협회American Management Association의 사장 겸 CEO인 에드 라일리Ed Reilly에게도 감사드린다. 각별한 관심과 조언을 아끼지 않은 라이온즈 게이트 엔터테인먼트Lion's Gate Entertainment의 CEO 존 펠시머Jon Feltheimer와 역시 라이온즈 게이트에서 프로그래밍과 프로덕션을 책임지고 있는 케빈 베그스Kevin Beggs 사장에게도 감사드리고 싶다.

마지막으로 항상 사업의 최전방에서 분투하는 나의 팀, 보디 바이 제이크Body By Jake(BBJ) 직원들과 처음부터 끝까지 꼼꼼하게 원고를 정리해 준 웨스 스미스Wes Smith 작가에게도 감사를 드린다.

제이크 스타인펠드Jake Steinfeld

스트리트 스마트 성공신화_부자는 책상에서 만들어지지 않는다

초판 1쇄 인쇄 2006년 4월 11일
초판 1쇄 발행 2006년 4월 21일

지은이 제이크 스타인펠드
옮긴이 한태영
펴낸이 박승규
펴낸곳 도서출판 말글빛냄
인 쇄 삼화인쇄(주)

마케팅 박상준
관 리 김은선
편 집 진미나

주 소 서울시 마포구 동교동 203-4 함께 일하는 사회 빌딩 301호
전 화 325-5051
팩 스 325-5771
등 록 2004년 3월 12일 제313-2004-000062호
ISBN 89-92114-01-X   03320
가 격 10,000원